丛书主编/陈 龙 杜志红

数字媒体艺术丛书

网络视频主播导论

岳 军/编著

Introduction
to
Network
Video
Anchor

苏州大学出版社
Soochow University Press

图书在版编目(CIP)数据

网络视频主播导论/岳军编著. —苏州：苏州大学出版社，2021.12
（数字媒体艺术丛书/陈龙，杜志红主编）
ISBN 978-7-5672-3700-1

Ⅰ.①网… Ⅱ.①岳… Ⅲ.①网络营销 Ⅳ.①F713.365.2

中国版本图书馆 CIP 数据核字（2022）第 007257 号

书　　名：	网络视频主播导论 WANGLUO SHIPIN ZHUBO DAOLUN
编 著 者：	岳　军
责任编辑：	肖　荣
装帧设计：	吴　钰
出版发行：	苏州大学出版社（Soochow University Press）
社　　址：	苏州市十梓街 1 号　邮编：215006
网　　址：	www.sudapress.com
邮　　箱：	sdcbs@suda.edu.cn
印　　装：	苏州市越洋印刷有限公司
邮购热线：	0512-67480030　销售热线：0512-67481020
网店地址：	https://szdxcbs.tmall.com（天猫旗舰店）
开　　本：	787 mm×960 mm　1/16　印张：10.75　字数：160 千
版　　次：	2021 年 12 月第 1 版
印　　次：	2021 年 12 月第 1 次印刷
书　　号：	ISBN 978-7-5672-3700-1
定　　价：	38.00 元

凡购本社图书发现印装错误，请与本社联系调换。服务热线：0512-67481020

General preface 总序

  人类社会实践产生经验与认知,对经验和认知的系统化反思产生新的知识。实践无休无止,则知识更新也应与时俱进。

  自 4G 传输技术应用以来,视频的网络化传播取得了突破性进展,媒介融合及文化和社会的媒介化程度进一步加深,融媒体传播、短视频传播、网络视频直播,以及各种新影像技术的使用,让网络视听传播和数字媒体艺术的实践在影像领域得到极大拓展。与此同时,融媒体中心建设、电商直播带货、短视频购物等相关社会实践也亟需理论的指导,而相关的培训均缺乏系统化、高质量的教材。怎样认识这些传播现象和艺术现象?如何把握这纷繁复杂的数字媒体世界?如何以科学的系统化知识来指导实践?理论认知和实践指导的双重需求,都需要传媒学术研究予以积极的回应。

  本套丛书的作者敏锐地捕捉到这种变化带来的挑战,认为只有投入系统的研究,才能革新原有的知识体系,提升教学和课程的前沿性与先进性,从而适应新形势下传媒人才培养的战略要求。

  托马斯·库恩(Thomas Kuhn)在探讨科学技术的革命时使用"范式"概念来描述科技变化的模式或结构的演进,以及关于变革的认知方式的转变。他认为,每一次科学革命,其本质就是一次较大的新旧范式的转换。他把一个范式的形成要素总结为

"符号概括、模型和范例"。范式能够用来指导实践、发现谜题和危机、解决新的问题。在这个意义上，范式一改变，这世界本身也随之改变了。传播领域和媒体艺术领域的数字革命，带来了新的变化、范例和模型，促使我们改变对这些变革的认知模式，形成新的共识和观念，进行系统化、体系化的符号概括。在编写这套丛书时，各位作者致力于以新的观念来研究新的问题，努力描绘技术变革和传播艺术嬗变的逻辑与脉络，形成新的认知方式和符号概括。

为此，本套丛书力图呈现以下特点：

理论视角新。力求跳出传统影视和媒介传播的"再现""表征"等认知范式，以新的理论范式来思考网络直播、短视频等新型数字媒体的艺术特质，尽力做到道他人之所未道，言他人之所未言。

紧密贴合实践。以考察新型数字媒体的传播实践和创作实践为研究出发点，从实践中进行分析，从实践中提炼观点。

各有侧重，又互相呼应。从各个角度展开，有的侧重学理性探讨，有的侧重实战性指导，有的侧重综合性概述，有的侧重类型化细分，有的侧重技术性操作，理论与实践相结合的特色突出。

当然，由于丛书作者学识和才华的局限，加之时间仓促，丛书的实际成效或许与上述目标尚有一定距离。但是取乎其上，才能得乎其中。有高远的目标，才能明确努力的方向。希望通过将这种努力呈现，以就教于方家。

对于这套丛书的编写，苏州大学传媒学院给予了莫大的鼓励和支持，苏州大学出版社也提供了很多指导与帮助，特别是编辑们为此付出了极多。谨在此表示衷心的感谢！

"数字媒体艺术丛书"编委会

Foreword 前言

伴随着新媒体的发展，网络视频主播逐渐成为大家所关注的焦点。但在纷繁复杂的关注声中，我们既看到了一个新鲜事物的活力，也看到了其发展过程中的困难。我们不仅可以在网络视频中看到走入乡村、助力脱贫攻坚的大学生主播，而且能够通过新闻报道，看到一些被利益冲昏头脑的网络视频主播，他们通过自己"华丽"的语言和虚伪的表情骗取网友的钱财。因此，我们作为"旁观者"，既要看到这一职业进步的一面，更要看到其发展过程中的不足之处。只有这样，网络视频主播才能成为合格的社会从业人员。

对于网络视频主播这样一个新兴的职业群体，传统的培养方式是否仍适用，已逐渐成为学者和教育从业者思考的问题。因此，一本可以从源头开始梳理网络视频主播的教材就显得尤为重要和迫切。网络视频主播是新媒体传播发展中的关键一环，研究网络视频主播不仅对发展网络视频主播的合理性有重要意义，而且为培养网络视频主播提供了理论依据。

《网络视频主播导论》从六个方面对网络视频主播进行了归纳与总结，梳理了网络视频主播发展的过程，概括性地描述和总结了网络视频主播的主要类型、基本特征、基本素养及互动特性。网络视频主播是随着时代发展而产生的新型职业群体，在发展进程中还存在一些不合理甚至违法行为，因此，《网络视频主播导论》在第六章专门从主播的管理规范入手，以典型事件为案例，为读者说明如何规范使用网络，也警醒读者什么样的使用方式属于违法行为。

本书参考了国内外大量资料，吸收借鉴了前人的经验和相关学科的研究成果，在此对相关作者表示衷心的感谢。笔者希望《网络视频主播导论》不仅可以为网络视频主播的研究提供重要的参考依据，而且能为网络视频主播的培养提供思考路径。

由于作者水平有限，加之时间仓促，书中难免存在错漏之处，恳切希望广大读者批评指正。

Contents 目录

第一章　网络视频主播的兴起与演变 / 001

第一节　网络视频主播的萌芽时期 / 002
第二节　网络视频主播的发展初期 / 008
第三节　网络视频主播的多元发展时期 / 013

第二章　网络视频主播的主要类型 / 029

第一节　网络视频带货主播 / 031
第二节　网络视频才艺主播 / 036
第三节　网络视频美食主播 / 039
第四节　网络视频情感主播 / 044
第五节　网络视频游戏主播 / 047

第三章　网络视频主播的基本特征 / 051

第一节　全员参与性 / 052
第二节　社交互动性 / 060
第三节　影像符号性 / 066

第四章 网络视频主播的基本素养 / 075

第一节 法律素养 / 076

第二节 媒介素养 / 079

第三节 服务受众素养 / 081

第四节 道德文化素养 / 084

第五章 网络视频主播的互动特性 / 087

第一节 互动仪式链的构成要素 / 088

第二节 互动效果的决定因素 / 091

第三节 互动内容的形成要素 / 096

第四节 互动质量的关键保障 / 100

第六章 网络视频主播的管理规范 / 105

第一节 规范主播行为,防范越界 / 106

第二节 规范平台规则,防范侵权 / 116

第三节 未成年用户保护机制 / 123

参考文献 / 126

附 录 / 130

后 记 / 164

第一章
网络视频主播的兴起与演变

1994年，随着中国第一个Web服务器设立并推出第一个网站，中国从此开启了互联网信息时代。网络信息技术的发展促使媒体行业发生了天翻地覆的变化。各大电视台、电台纷纷组建自己的互联网站，视听新媒体应运而生，网络视频主播也随之诞生。网络视频主播出现至今，经历了萌芽时期、发展初期和多元发展时期三个阶段。本章将从网络视频主播兴起和演变的原因入手，选取不同阶段具有代表性的视频平台或节目，分别剖析网络视频主播在不同的发展时期所呈现出来的不同特征。

第一节　网络视频主播的萌芽时期

伴随着互联网的产生与发展，传统媒体纷纷"触网"，网络视频主播也随之诞生。网络视频主播的萌芽主要得益于互联网技术的发展、信息全球化的驱使和三网融合的推进。网络视频主播的特征表现为努力拓展互动方式、逐步确立主播中心制、逐渐明确自身角色定位。

一、网络视频主播萌芽的原因

（一）互联网技术的发展

20世纪90年代，中国正式接入因特网，开启了互联网信息时代。网络信息技术的发展极大地改变了原有的媒体行业。

在广播媒体方面，1996年12月15日，珠江经济台开通网上实时广播，成为国内第一家实现网上实时广播的电台，这标志着"广播+互联网"的新型传媒形式开始出现。1997年1月4日，广播热线节目《网络人生》正式与网友见面，它是北京人民广播电台《人生热线》节目的网上专栏，开创了广播热线节目"上网"的先河。1997年3月18日，上海东方广播电台节目《梦晓时间》开设了"东广信息网"，与"瀛海威时空"合作开通网络广播，成为我国开创网络广播的先驱。1997年12月，上海人民广播电台首次策划网上直播并获得成功。来自16个国家和地区的华人华侨及国内 7 个省市的网友在网上收听了长达 4 个小时的直播节目。1998 年 2 月 28 日，北京经济电台节目《动心 9 时》开始网上直播。1998 年 8 月 13 日，中央人民广播电台开通专业网站，成为我国中央新闻单位中最早开通互联网站的单位之一，这也是中国广播网的前身。1998 年 12 月 26 日，中国国际广播电台开通"国际在线"新闻网站，主要提供新闻、文化和经济类信息。网络广播自此开启了规模化发展。1998 年，杭州西湖之声电台应用 Real Audio（即时播音系统）技术进入互联网时代，几乎所有节目实现 24 小时网上实时播出。同年，保定调频台采用数字音频技术加入互联网，实现编播网络一体化，随时播报国内外各种最新信息和音乐节目。

在电视媒体方面，1996 年 12 月 15 日，中央电视台国际互联网站建立并试运行，成为国内最早成立的中文信息服务网站之一。经过试运行，该网站于 1999 年 1 月 1 日正式推出。至此，"电视+互联网"的传媒形式出现。1999 年除夕，中央电视台首次尝试网上直播春节晚会，在线收看直播的网友达到了 15 万人。

这一时期，刚刚"触网"的广播电视媒体网站还比较稚嫩。大部分广播电视媒体仅将网络作为载体和超容量平台，将母台内容搬至互联网，没有过多考虑和展现网络传播的特点，而网络主播的实质依然是传统媒体主播。同时，由于网络技术尚未成熟，广播电视媒体网站内容主要以文字和图片为主，音视频的在线点播技术还比较烦琐，而且互联网的普及程度有限，受众与主播都比较缺乏互动意识，因此，相当一部分网站几乎没有考虑和设计与受众的交互功能。不过，虽然此时广播电视媒体网站的创建不尽完善，但它依然为广播电视与网络新媒体的融合做出了许多有益的尝试，为具备互联网基因的网络视频主播的萌芽奠定了基础。

（二）信息全球化的驱使

随着社会主义市场经济的蓬勃发展和全球经济一体化进程的推进，中国和其他国家与地区不仅在经济发展方面相互影响，而且在信息交流方面也需实现互联互通，这就要求中国加速建设与世界沟通的信息平台。中央电视台作为中国第一个建立国际互联网站点的电视媒体，其站点的建设和发展是电视媒体在国际互联网上起步与成长的代表。跟随中央电视台的脚步，一大批广播电视媒体纷纷"上网"。1998 年，北京电视台、上海电视台、东方电视台等多家电视台纷纷建立互联网站。随后，中央人民广播电台的"中国广播网"和中国国际广播电台的"国际在线"相继开通。截至 1998 年年底，创建网站的电视台已经超过 40 家，部分电台和电视台实现了 24 小时网上实时播出。截至 2000 年，除青海和西藏两个省区级卫视外，全国省级卫视全部"上网"，中央和省市广播电台也都逐步创建了自己的网站与网页。

早期网络平台上播放的节目基本上是传统媒体节目的网络版。以中央电视台国际互联网站为例，它从创建至今经历过三次重要的改版。第一次是在 1997 年年底，新闻每日更新三次，有部分栏目"上网"，版面以图形为主；第二次是在 1999 年 1 月 1 日，版面以文字为主，共有 32 个主要栏目"上网"，体现了中央电视台的基本面貌；第三次是在 1999 年 9 月 1 日，节目内容增加并整合，更符合网站特征，增加了查询、调查等功能，开辟了网上直播栏目，新闻一天更新 5 次。与此同时，中央电视台国际互联网站分设了新闻、经济、体育、科技、文娱、健康、法制、综合、服务及收视指南等频道，并对国内外重大事件进行及时、全面、权威的专题报道，如春节联欢晚会、香港回归、世界杯足球赛、国庆报道、澳门回归等，全方位地展示了中国的国情与发展，为世界提供了一个认识和了解中国的窗口。虽然这一时期的节目仍然是按传统电视节目的思路进行制作的，担任主持的大多是央视的主播或资深的记者，但是为了顺应网络时代的发展需求，主持活动或多或少地受到了网络传播特点的影响，网站逐步培养出一批既拥有专业素养又兼具网络特色的主播。

（三）三网融合的推进

2001 年 3 月 15 日通过的《中华人民共和国国民经济和社会发展第十个五年计划纲要》中第一次提出"三网融合"的概念。该文件明确提到："促进电信、电视、计算机三网融合。"随后，一系列政府文件均强调要推动三网融合，但并无实质性进展。2010 年 1 月 13 日，国务院常务会议决定加快电信网、广播电视网和互联网三网融合。随后发布了《国务院关于印发〈推进三网融合总体方案〉的通知》(国发〔2010〕5号)。同年6月,三网融合12个试点城市名单和试点方案正式公布。至此,三网融合进入实质性推进阶段。

三网融合是指电信网、广播电视网、互联网在向宽带通信网、数字电视网和下一代互联网演进过程中,三大网络通过技术改造,技术功能趋于一致、业务范围趋于相同,网络互联互通、资源共享,能为用户提供语音、数据和广播电视等多种服务。三网融合并不意味着三大网络的物理合一,而主要是高层业务应用的融合,如未来手机可以看电视、上网,电视可以打电话、上网,电脑也可以打电话、看电视。三者之间相互交叉,形成"你中有我、我中有你"的格局。三网融合的推进为"人人皆媒体"的即时传播创造了可能。只要有网络,任何个体仅用一部手机就可以完成节目的录制与播出。受众可以利用碎片时间随时随地地使用任何电子终端设备观看节目并参与互动。网络节目制作和接收的便捷性催生了一大批网络视频主播。以网络视频主播为代表的新型主播职业出现了。

二、萌芽时期网络视频主播的特征

(一)努力拓展互动方式

萌芽时期的网络视频节目主要是传统广播电视台已播出的节目,以及一些同步直播的节目。以中央电视台国际互联网站为例,依托中央电视台自身强大的影响力,中央电视台国际互联网站虽然具备得天独厚的优势,但是在独立运营、以网络特性为中心进行开发方面略显逊色,其节目的制作方式与主播的主持活动也更多地遵从电视媒体的制作思路。因此,中央电视台国际互联网站的网络视频主播主要为央视的主播或者资深记者。不过,受到互联网传播特点的影响,主播需要根据新时代的需求进行调整、改进。

增强节目的互动性和交流感是主播始终追求的目标之一。为了追求更加充分的互动,寻求更强的交流感,许多主播开始发掘与现场观众进行互动和交流的方式,突破之前只是面对着镜头进行交流的局限。例如,1996

年推出的《实话实说》栏目中就出现了一位新型主播——崔永元。他不是站在演播台中央面对观众主持节目，而是在嘉宾和观众之间自由走动；他不是面对镜头滔滔不绝，而是在嘉宾和观众之间"穿针引线"，侃侃而谈；他不是背诵稿件，而是用心倾听和询问，在交流中提示主题、概括观点、显露矛盾，并且点到为止；他不是用书面语言演讲，而是用最通俗的语言机智幽默地营造心领神会的交流氛围。因此，崔永元的形象不但在某种程度上改变了受众对主播固有的认识，而且使节目的交互性增强，同时强化了节目以主播为中心的理念。

（二）逐步确立主播中心制

确立主播中心制，不仅符合网络时代以主播为核心的特征，还为信息传播的即时性创造了更大可能。

"确立一个中心——节目主播"是"珠江模式"的精髓之一。珠江经济台确定主播在节目制作群体和节目演播过程中处于中心地位。虽然主播不一定是群体的负责人，但是他们是代表群体与听众直接"见面"的人，主播的形象就是节目的形象。珠江经济台十分重视主播队伍的建设，培养了一批自己的广播明星，从珠江经济台走出的周郁、李一萍、嘉欣、黄海、林小溪、骆华、赵彦红、郑达等，都是当时在广播界熠熠生辉的名字。在这些明星主播的带动下，《珠江晨曲》《朝朝新节拍》《午间快语》《莺歌夜话》《七彩黄昏》《一盅两件》等节目成为名牌栏目。可以说，没有主播，就没有"珠江模式"。著名主播与著名节目融为一体，这种以主播为主导的指导思想，非常符合互联网时代网络视频主播依靠人格魅力吸引和聚集受众，形成以自身为核心的网络社群关系的趋势。

同时，主播具有采、编、播合一的能力，这为适应全媒体时代信息的即时传播创造了更大可能。珠江经济台全部节目由主播主持并直接播出。主播不仅是节目的播出者，还是节目的组织者和编辑者，集采、编、播及控制操作于一身。在大多数传统媒体节目中，采访、编辑、主持是相对独立的。采访主要是记者的任务。记者根据媒体的要求，或根据某一新闻线索到实地去了解情况，搜集第一手资料写成稿件或拍成照片提交给下一个环节的负责人处理；编辑一般不到第一线，而是根据记者采访所得到的资料，或者根据从文献中查找出的材料，按照某一特定的要求进行删减或增加；主播则是根据导演或导播的安排去完成某一信息的输出。整个过程环环相扣。虽然大家分工明确、各司其职，但很难保证每个环节都不出问题，更难在时间上大幅度提高效率。而采、编、播合一的方式不仅提高了主播的主观能动性，也极大地节约了各个环节之间的时间成本。尤其在互联网时代，任何人都可以通过网络获取信息，采集信息的速度大大提高，再加上网络和计算机的使用大大提高了编辑加工的速度，为主播一人承担采、编、播等主要环节的工作提供了可能。由此可见，珠江经济台以节目主播为中心的指导思想是适应网络时代要求的积极尝试。

（三）逐渐明确自身角色定位

互联网打破了传统媒体的线性传播方式，使节目可以反复被受众点击观看。如果主播在主持过程中出现错误或不当表述，那么相比过去而言就更容易被受众发现。互联网还使人们具备了更强的话语权，一个人的想法可以经过网络传播给成千上万的人。主播所承受的来自受众的监督力度大大加强。同时，互联网的开放性使"上网"的节目可以被全世界任何一个个体听到或看到，主播所面对的受众范围骤增，这对主播的心理素质、知识储备和专业素养提出了更高的要求，因此，主播要做好接受全世界人民检验的思想准备。这些因素都促使主播不断完善自我并提高综合素质。

如果说在传统媒体时代，受众已经习惯于"你说我听、你讲我做"的模式，那么到了网络时代受众更希望从知识性的栏目中获得收益，从娱乐性的节目中享受轻松，从互动性的交流中感受平等。受众主动性的提升、选择权利的增大使得主播必须了解不同地区、不同年龄的受众特点，充分认识到自身的特点，把握自己既是主播又是受众的服务者的身份，明确自身的角色定位。

第二节　网络视频主播的发展初期

发展初期的网络视频主播发生了根本变化，进入实质性的实践阶段，此时出现了根植于互联网的、具有互联网基因的网络视频主播。随着《国家"十一五"时期文化发展规划纲要》将"发展新兴传播载体"提升到国家战略高度，视听新媒体开始快速发展，各类视听新媒体业务相继产生，网络音视频方兴未艾。这一时期出现了具有互联网基因的网络节目，即制作、主持、发行等各环节均以互联网思维为导向、切合互联网传播特点、符合互联网时代受众的收视习惯和观赏心理的节目。网络视频主播在发掘互联网交互、虚拟、多维的传播特性，改善点对面的单向传受关系等方面迈出了重要一步。

一、发展初期的网络视频平台代表

（一）虹桥网

虹桥网开通当晚播出了青少年节目《一片新天地》，观众可以通过视频窗口进行收看，并通过视频窗口下方的聊天室表达自己的观点，参与主播与嘉宾的谈话，还可以随时向嘉宾提问，而主播会抽取较有代表性的发言引导嘉宾和其他观众展开讨论。如果有些观众错过了直播时间，可以在"精彩回放"中随时点击观看。虹桥网还以这种交互的方式开播了两场青少年多媒体节目。网友可以通过网络与主播和嘉宾进行实时交流，充分融入与主播和嘉宾的互动中。

虹桥网是互联网与电视相互融合、相互渗透的产物，它的出现对传统媒体产生了一定的冲击，所带来的网上实时、跨区域的视频直播方式更是一种大胆而新颖的尝试。虹桥网的网络主播结合了互联网的传播特性，与传统媒体主播相比具有较大差异。①

---

①　李桃. 网络主持发展简史［M］. 北京：科学出版社，2018：43-44.

（二）网络论坛与聊天室

论坛就是通常所说的"电子公告板"（Bulletin Board System，BBS）。BBS 最早是用来公布股市价格等信息的。当时的 BBS 还没有文件传输功能，只能在苹果机（Apple computer）上运行。早期的 BBS 与一般街头和校园的公告板性质相同，只不过是通过传播来使读者获得信息而已。直到有人尝试将苹果机上的 BBS 转移到个人计算机上，BBS 才开始逐渐普及。近年来，BBS 的功能得到了很大扩充，人们在 BBS 上可以发布自己对任何一件事的所看、所听、所想，而 BBS 也早已由原来的娱乐交流工具转化为网络媒体。

如今 BBS 根据内容的不同分成了各种各样的专题。这样的专题性 BBS 被称为论坛。通常每一个论坛中都有一个名为"版主"的版面事务管理人员，对论坛上的网友言论实施有效管理，保证论坛的健康发展。在各类版主中，有一类版主的职能得到不断发展，他们开展了一种具有类似主播性质与功能的网络活动，成为网络主播的一种。本书将这类具有主播性质与功能的版主称为网络版面主播。

网络聊天室一般简称"聊天室"，是一种可以在线交流的网络论坛。在同一个聊天室的人们可以通过广播消息进行实时交谈。聊天室可以建立在即时通信软件（MSN Messenger、QQ、Anychat）、P2P、万维网（Halapo、Meebo）等基础上。聊天室的交流手段不局限于文本，还包括语音和视频等。通常聊天室是以房间或频道为单位，在同一房间或频道的网友可以实时地广播和阅读公开消息。一般来说，聊天室与其他网络论坛不同的是，聊天室不保存聊天记录，是实时的。

聊天室按照功能可以分为语音聊天室和视频聊天室。语音聊天室是指在聊天过程中以语音为基础进行交流的聊天室。在这里，网友想要讲话时，需要点击自己页面上的麦克风，加入下次发言的队列中，并按照申请的先后顺序进行发言。这个程序叫作"排麦"。视频聊天室一般集合了语音聊天与文本聊天的功能，计算机需要配置摄像头来发送视频信号，而且对网络带宽要求较高。随着网络技术的发展，如今集文本、语音、视频等功能于一体是聊天室最普遍和最基本的特征。不过在网络视频主播发展的初期，视频聊天室并不多见。

每个聊天室中都有一名管理员，负责维持聊天室秩序，对网友在网上的言论和行为进行监管。聊天室管理员的身份往往比较随意，通常是对某方面论题感兴趣而申请做管理员的资深网友。为了聚集聊天室的人气，某些管理员会事先准备一个话题供网友讨论。渐渐地，这些聊天室的管理员就具备了主播的某些性质与特点。这类具有主播性质与特点的聊天室管理员即聊天室主播。①

（三）虚拟网络平台

虚拟网络平台的主播与真人主播相比，拥有极强的信息掌握和调用能力。受众可以根据自身喜好对主播的外形、性别、年龄、声音、动作、服饰和表情等提出要求，虚拟网络视频主播本身就是受众意志的体现。不过，虚拟网络视频主播也存在一定局限性，例如：由于制作具有高科技含量，因而成本太高；由于技术复杂，因而一般与真人的外形存在差异；由于不具备人类的真实情感，因而人格化特征弱；等等。但是，我们并不能因此否认虚拟网络视频主播出现所带来的进步意义。它是顺应科技进步的产物，在技术不断更新和发展的今天，除了在手段上可以对虚拟网络视频主播进行更新外，在传播方式上可以采取与真人主播互相合作的模式取长补短，以适应不同的社会需求。

2000年5月，随着"51go"网的诞生，中国第一个虚拟网络视频主播Gogirl同时在网上亮相。她是该网站的全天候主播，是一位热情开朗的"中国女孩"，身高170厘米、黑头发、黄皮肤、瓜子脸、细腰身，活现了一位中国古典美女的形象，而一把高高向上梳起的"大刷子"，又给她增添了几分时尚气息。她热情开朗，爱好看动画片、听音乐、读书、上网、聊天和逛街，喜欢坐在咖啡店观察各色人等。她的缺点是，有点儿丢三落四，早上起床困难，有点儿任性。当网友和Gogirl聊天时，她胸前的宝石还会随着她的心情变换颜色。她红色的衣服在红色背景的映衬下让人心里格外亮堂。Gogirl的工作任务主要是通过Gogirl栏目介绍自己的个人信息

---

① 李桃. 网络主持发展简史 [M]. 北京：科学出版社，2018：46-48.

及对周围事物的看法，通过 Gogirl 酷闻介绍网上最新的一些产品和游玩去处，通过绿色 Gogirl 栏目传播环保信息等。Gogirl 的形象设计者是一位马来西亚女孩，她的中文名字叫叶海燕。叶海燕认为漂亮的女孩对年轻的男性网友更具有亲和力，而女性网友又易于对同性朋友打开自己的心扉。Gogirl 的诞生为网络视频主播注入了新的活力，但是不能否认，她的形象离我们所期待的虚拟网络视频主播还有一定差距，其功能和作用距离真实的主播也存在较大差距。

2002 年 5 月 25 日，我国首位网络互动电视虚拟主播"江灵儿"在第三届中国西部国际博览会上亮相。那日，当人们打开电视或者在网上观看视频直播时，就会看到成都"西部网链"直播室里一位身穿中国传统旗袍、直发披肩的"女主播"正流利地轮流用汉语、英语、日语向受众直播中国西部国际博览会。她就是江灵儿。江灵儿是在经过了一年多的精心"培训"后露面的。"聘用"她的网络公司是我国首家网络互动电视网。这位"女主播"不仅善于用多种语言播报新闻，而且可以陪网友聊天、参与游戏操作、进行影视表演等，打破了传统电视节目主播与观众难以沟通的局面。她的现场主持并不需要人工配音。公司采用了同步语音处理技术，使这位虚拟主播具有了人工智能的表现力。我国网络专家评价，此次江灵儿在成都的出现，标志着我国网络互动电视台已经可以进入实用阶段，并将极大地冲击和促进我国传统电视行业的发展。

2002 年，网易娱乐、文化和女性三个频道联袂推出了"2002 年虚拟春节联欢晚会"。这台晚会由生动的网络文字、Flash 动画、声音和图画等形式组合而成，因此，被称为虚拟春节联欢晚会。它的出现颠覆了大众对晚会模式和语言传播方式的认识。晚会由几个论坛的版主以虚拟的网络形象通过文字进行主持。主播分别是娱乐社区站长"骑乌鸦的黑猪"、乱弹广场版主"会飞的猪"、女性视角掌门"散步的鱼"和花想容教室教授"简单的鱼"。整个晚会过程中，主播的语言活泼生动，还用括号标注的方式注释出主播说话时的心理活动或情绪表征，娱乐特色鲜明。晚会的节目均通过超链接的形式呈现，有些节目是由 Flash 动画制作而成，有些节目是将传统媒体的节目片段进行改编，晚会节目丰富多彩。整场晚会共包括六个单元，每个单元都围绕不同的中心播放不同主题的节目。整场演出表现出主办方丰富的想象力，以及互联网自由开放的网络文化。受众在观看节目的过程中不仅能够参与晚会优秀节目的评选活动，还可以在论坛实时参与讨论，可谓"台上台下其乐融融，欢欢喜喜共度新年"。①

二、发展初期网络视频主播呈现的特点

（一）素质重心转变

相对于传统媒体主播需要具备良好的声音条件、外貌形象、语言表达能力等素质而言，在节目中随时应对受众提出的问题与观点，果断地对各种突发事件或突发情况进行现场处置，在让受众充分表达观点的前提下自然地引导节目进程，对网络平台上出现的过激或违规行为进行妥当的处理，等等，是一名网络视频主播首先应具备的素质。网络视频主播不仅要面对话筒、镜头和嘉宾，还要面对处于互联网开放环境中的不确定的受众，因此，即时反应能力、多媒体操作能力、文字编辑能力、良好的心理素质是网络视频主播最重要的基本能力，这与网络节目的特性有关。

（二）具有管理员特质

论坛与聊天室主播的"管理员"特质都较为明显，其原因有两个。首先，两者早期多由管理员担任，主要履行管理员的职责。从论坛与聊天室主播的发展过程可以看出，两者的前身分别是论坛版主和聊天室管理员，主要负责维护网络交流环境、筛选网友提出的问题、连接网友与嘉宾的关系等。最初的身份定位决定了论坛与聊天室主播始终显现出管理员的特征。其次，两者都受到互联网技术和宽带的制约。在发展初期，由于互联网技术的局限，论坛与聊天室主播只能使用文字与网友进行沟通。通常主播所依赖的有声语言、副语言等播音主持创作手段缺失，造成创作主体的

---

① 李桃. 网络主持发展简史 [M]. 北京：科学出版社，2018：58-60.

主播特质弱化，管理员特质鲜明。随着互联网技术的发展，创作依据由单纯的文字交流发展为音视频和文字的多维度交流，打破了单一互动的局限。创作手段的丰富促使创作主体的角色向主播转变。

（三）能力呈现多元化

健全的思想道德修养、良好的语言文化修养、高雅的艺术修养及过硬的播音主持业务素养是一名主播应具备的素质。除此之外，在发展初期，网络视频主播还需要具备许多其他素质，如熟练使用各种网络工具的能力、较强的心理素质、较高的政策水平、深厚的语言文字功底及快速的打字能力等。网络视频主播既要熟悉互联网、了解网络社区动态，又要面对素质良莠不齐的网友提出的各种问题，以平和友善的姿态应对尖锐的提问甚至攻击，维护网络交流环境的和谐健康发展。

第三节 网络视频主播的多元发展时期

多元发展时期的网络视频主播迅速崛起，蓬勃发展。网络视频主播更充分地融入了互联网血液。网络视频主播的种类、质量都得到了极大的丰富与提升。进入 21 世纪以来，网络技术飞速发展，网络文化日益兴盛。随着视听新媒体被纳入国家文化和信息产业发展规划，以及"三网融合"步伐的加速，网络媒体发展势头迅猛。中国网络电视台等一批运营企业相继上市，商业音视频网站纷纷开始探索差异化发展道路。同时，"一剧两星"政策的实施，电视媒体收紧版权、实施网络独播等举措，也在刺激着音视频网站加快自制内容的开发。于是大量资本涌入互联网自制内容的建设。网络节目经历了从"小成本、粗制作"到"大投入、精制作"的迭代，网络视频主播的发展也步入了新的历史时期。

这一时期的网络视频主播最突出的特点为"多元"。一是主播身份多元，既有专业人士也有草根网友，既有网站管理员也有普通网友。二是创作风格多元，互联网的众筹理念带来了节目类型、节目定位、传播内容的个性化与多元化。三是受众群体构成多元，网络节目从年轻人的专属领域，扩展到中年甚至老年群体,受众可以寻求到不同程度的心理满足。本节将对本阶段的网络视频主播发展原因、代表节目及其主播特征进行分析。

一、网络视频主播多元发展的原因

(一)主播的创作能动性大幅提高

1. 主播自身能力的增强

主播自身能力增强主要表现在以下三个方面。第一,网络视频主播的学习能力增强。互联网时代,网络视频主播的计算机网络使用能力、超文本能力、网络信息选择能力必须与时俱进,并紧跟时代步伐。互联网高度的开放性、虚拟性、交互性等特性,为网络视频主播的全面学习能力、自主学习能力、创新学习能力和终身学习能力的增强创造了条件。第二,网络视频主播的实践能力增强。实践能力是指在实践中探索发现并解决问题的综合能力。互联网提供的多元而开放的学习与交流渠道,为人们在理论学习层面、操作层面、网络交往层面的多元化实践能力的增强创造了可能。随着网络技术、计算机技术和虚拟现实技术等信息技术的发展,网络虚拟实践能力逐渐成为一种十分重要的基础能力,网络视频主播在互联网空间中不断进步,实践能力得到增强。第三,网络视频主播的创新能力增强。互联网是一个超级虚拟空间,为人类的创造性活动提供了前所未有的平台,使许多在现实物理空间不可能实现的创新在网络虚拟空间成为可能。作为实现创新的新的增长点,互联网在网络视频主播的主持风格、节目形式、与受众的交互方式等方面都营造了巨大的创新空间。以计算机网络操作能力和虚拟现实能力为基础的网络创新能力成为网络视频主播创新能力的重要组成部分。

2. 主播掌握的信息素材充沛

互联网拓展了信源。信息获取渠道的多元化使网络视频主播掌握了更多的信息素材。信息历来是人类社会发展的关键性因素。谁最快地掌握了最重要的信息,谁就掌握了行动的主动权,就会成为竞争中的优胜者。在传统媒体占主导地位的时代,信息主要被控制在强大的媒体手中,而互联网的产生和发展,从根本上消除了这一障碍。每个人都拥有获取信息的权利和能力，主要基于网络信息传播的以下特征。

第一，网络信息传播具有平等性。在网络出现以前，大众接收的信息一般都经过"信息过滤器"的"过滤"，经过信息制造者和发布者的加工处理或带有目的性与主观色彩。互联网的出现有效地消除了"信息过滤器"，使人们能够平等地接收互联网范围内的信息，同时也能使自己的信息与别人共享。

第二，网络信息传播具有自主性。网络使信息接收者不再只是被动的信息受用者，而是成为具有自主性、主动性的信息选择者和欣赏者。人们可以根据自己的意愿寻找自己需要的信息，并进行合理地利用。

第三，网络信息传播具有及时性。互联网能够快速高效地传输数字化的信息。人们可以随时在网上发表自己的思想、观点，信息的发送和接收几乎可以同时在瞬间完成，真正做到即时。

第四，网络信息传播具有超时空性。在数字化网络社会里，互联网的开发与应用消除了时空的距离，地球成了"地球村"，"秀才不出门，便知天下事"在今天成为现实。综合互联网的传播优势，网络视频主播以内心的创作冲动为动机，发挥自身探索信息的主观能动性，利用互联网获得即时、第一手、丰富的信息素材，为主持创作活动提供了动力。

3. 主播对实现人生价值的追求

借助新媒体平台达到自身能力的最优化配置、获取声望的最大化及完成职业生涯规划的内在动力，促使网络视频主播不断发展。例如，一些传统媒体精英意识到网络媒体具有大好的发展前景，希望可以投身网络媒体展示更真实、更洒脱的自己，于是选择跳出传统媒体而转战网络媒体，以实现自身的人生价值。这一内在动力促使网络视频主播不断寻求真我、完善自我及展现本我。

4. 主播的创作冲动进一步得到激发

对真相和自由的渴望促使主播的创作冲动进一步得到激发。网络文化的兴起不仅使人对世界和自身的认识与改造达到前所未有的深度和广度，还使自然资源、社会资源和思想资源在全球范围内得以合理有效地配置与开发，为人类的科学发展提供了可能的条件。它把人的有限思维与存在互联起来，克服了个体的有限性和片面性，为每个人的知、情、意、真、美与自由且全面的发展打下了基础。同时，互联网的开放性、自由性、民主性还促进了人类自主意识的觉醒和确立，促进了人类的思想意识与行为方式的自主发展，使主播有了进行自由创作和表达的冲动与可能。

5. 新生力量的加入

网络媒体发展初期，由于传统媒体权威性、公平性和保障性的形象在人们心目中根深蒂固，因此，网络媒体在人才吸引与聚集方面处于劣势。这使得一些年轻的、经验较少的从业者误打误撞进入网络媒体这一领域。尽管如此，从某种意义上讲，这些年轻人也为网络视频主播队伍增添了活力。随着互联网的快速发展，网络媒体的迅速崛起对传统媒体产生了较大的冲击。作为充满活力的新媒体，网络媒体吸引了越来越多的优秀人才加入。网络视频主播队伍的不断壮大也对网络视频主播的发展起到十分积极的作用。

（二）节目内容受到互联网思维的影响

在互联网时代，网络节目的进步与发展主要体现在制作理念和思路的改变上。具备互联网思维是网络视频主播体现独特性、先进性，以及吸引新生代网络受众的重要因素，是推动网络视频主播发展的主要动因之一。网络节目的发展主要受到以下互联网传播特性的影响。

1. 互联网传播的强交互性

交互性是互联网的本质特征。虽然在传统媒体主持中"双向交流"是始终被追求的效果，但是那种交流是极其有限的。而在网络主持的创作过程中，无论是节目的选题或内容的生成，还是主播或嘉宾的互动等诸多环节，都体现了创作主体与受众的深度交流互动。

2. 互联网传播的非线性

非线性传播是互联网媒体有别于传统媒体的突出特点。在传统媒体中，节目是由电台或电视台安排好之后按照顺序播出的，受众只能被动地按照既定的播出顺序收听或观看，没有主动选择权。在这种线性传播中受众只有使用专门的设备录制下来，否则很难反复收听、观看或保存。而互联网非线性传播的特点使受众可以随时点击并欣赏节目，实现了前所未有的观看自由，受众的主动性大大提高（图1-1）。这种同步接收与异步兼容的特点使得传统媒体"黄金时间"的概念有所弱化，从而被"播放量""点击率"等名词替代。

3. 互联网传播互动方式的多样化

在互联网传播中，人际互动、群体互动和大众互动三种互动方式共存。互联网使网友与主播、网友与嘉宾、网友与网友的"一对一"的人际互动成为可能，使主播与受众群体、受众群体中持不同意见的两个或多个群体之间的群体组织交流得以实现。处于互联网开放的传播环境之中，网络主持活动还要遵从大众传播的要求。因此，在网络节目中，人际互动、群体互动和大众互动往往是并存的。网络视频主播要兼顾三种形式的互动，避免只顾其一或以偏概全。

图1-1　互联网传播的非线性

（图片来源：咪咕视频）

4. 超文本链接的思维方式

网络传播是建构在超文本、超链接之上的全新的传播模式。如在网页的编排上，网络媒介采用了超文本、超链接方式，即在一个网页上将与之相关的另一个网页内容直接相连。网友可以根据需要实现跳转，进入其他页面。这在网络传播中十分常见。这种链接模式打破了传统媒介所需要的阅读习惯，实现了跳跃性阅读。信息的储存可以按照交叉联想的方式，从一处迅速跳转到另一处，打破了传统文本系统中只能按顺序及线性存取的限制。网络时代的人们逐渐习惯了这种新型的思维方式，会不由自主地将这种思维方式运用于网络主持活动之中。

（三）受众的整体素质提升

受众作为网络主持创作活动的重要组成部分，作为传受关系中的关键一环，其整体素质的提升对网络视频主播的发展发挥着重要作用。

由于我国政治、经济和文化不断发展，人民生活水平不断提高，受众的知识文化水平、精神文化追求、心理道德素质和审美追求品位有了整体提升，这促使网络主持活动等的整体水平提高，成为网络视频主播向前发展的推动力。

受众的精神文化生活不断丰富，开放程度不断提升，从而形成了多元化的审美取向。由此网络视频主播形成了丰富多样的主持形态与风格，个性化特征鲜明。

互联网传播的开放性、交互性、共享性等特点，使受众可以在这个具有极高参与性与开放性的交流平台上尽情展示自己的才华、发表自己的见解、能动地参与信息的交互活动。渠道的便捷、渴望被理解的迫切、分享的喜悦、被认同的成就感，使受众的交互意识和参与意识增强。受众交互意识的增强对网络视频主播发掘多元和多层次的交互方式提出了更高要求。

二、多元发展时期的网络视频代表节目及其主播特征

（一）《大话新闻》——主播拥有决定权

2003 年 11 月 3 日，商业门户网站 TOM 网正式推出一档网络新闻节目——《大话新闻》，主播林白在 30 分钟的节目时间内以"播报+评论"的方式"说新闻"。对于这次大胆的尝试，林白坦言，由于心里没底，在该节目播出之初并未做什么推广，节目首播时只有两位网友在线收看。在节目开播后不久，一家名为"文学城"的海外中文网站主动推介了《大话新闻》，之后该节目逐渐引起大批中国留学生的关注。随着《大话新闻》的稳定播出，节目以"理性与幽默并重，正义与调侃共存"为口号，逐渐形成了"播报+评论"的脱口秀形式。

主播林白在节目中尽情表达自己的观点，抒发自身的情感，并对节目安排拥有决定权，其主播的核心地位得到充分体现。例如，在2004年2月27日节目开播前十几分钟，林白突然听到一位好友牺牲的噩耗。这位友人是一位英国女孩，在保卫亚马孙雨林的活动中不幸遇难。林白悲痛万分，同时也被这位亲密朋友和环保战友的行为感染。于是他临时更换了事先准备的内容，在节目中以大量篇幅缅怀这位好友，号召大家为环保尽自己的一分力量。并且他向绿色和平组织提出申请，希望能够派遣他到亚马孙地区。这一期打破常规和全无章法的节目成为《大话新闻》开播以来最为经典的一期，很多网友为之感动。主播在脱口秀节目中的核心主导地位也得到了透彻的诠释。又如，2005年3月26日，这一天是著名诗人海子的忌辰。海子是林白非常热爱的一位诗人。为了纪念海子，林白在当天的一整期节目中都高声朗诵海子的诗篇。此举在网友中引起强烈的争议。一些网友对主播在节目中一直朗诵他们并不熟悉的诗歌表示强烈不满，但也有一些网友表示支持林白。网络脱口秀节目的自由性和个性化被淋漓尽致地展现出来。①

（二）《大鹏嘚吧嘚》——主播定位明确，个性鲜明

2007年1月12日，搜狐出品的综艺娱乐节目《大鹏嘚吧嘚》与众网友见面。截至2021年，该节目已改版7次，节目累计点击量破30亿次，单期访问量过百万次。鉴于该节目在网友中拥有较广泛的影响力，也有人称其为"中国互联网第一档网络脱口秀节目"，主播大鹏也获封"互联网第一主播"，并获得《新周刊》"2012视频榜'网络最佳主播'"称号。

大鹏在节目中将自己定位为"草根"一族，他在节目中的形象设计和语言表达都在烘托这一人设定位。这一人设与大鹏现实中的成长经历也有很大关系，大鹏从一名默默无闻的网络歌手到话剧《我要成名》的主演，从搜狐网一个名不见经传的娱乐编辑到招牌栏目《大鹏嘚吧嘚》的主播，一路艰辛的奋斗过程使网友们感觉，他就是生活在自己身边的一个再普通

---

① 李桃. 网络主持发展简史［M］. 北京：科学出版社，2018：65-66.

不过的男青年。他是一个地地道道的小网友,是一个可以与观众一起探险、猎奇和抒发情感的平凡朋友。这与电视脱口秀节目主播给观众的感觉有很大不同。电视脱口秀节目主播虽然外貌普通,穿着十分朴素,语言表达也力求幽默随和,可是往往留给观众的印象还是高高在上的"名人"。如果说电视脱口秀节目主播是导游的话,大鹏则更像一位"驴友"(旅友的谐音),真切、平等地陪伴在大家身边。

主播的语言风格也在凸显草根人设。大鹏在节目中的语言幽默搞怪、点评麻辣出位。起初普通话还较为纯正,后来为了更"接地气儿",他干脆改用了"东北普通话",并在节目中结合情境需要使用了大量的俚语和土话。虽然这些风格化的语言也是节目的特色之一,但是从主播对大众具有语言示范和引导作用的角度来看,大鹏的语言失范问题就较为严重了。第一,儿化过多。对于某些日常生活中并没有儿化习惯的词语也进行了儿化处理,如"后背上儿""制作物儿""现象儿""节目儿"等。这些儿化虽然没有引起歧义,但是过多的儿化韵聚集给人过于随意和过于口语化之感。第二,滥用外语词。大鹏的言语中经常掺杂外语词,例如,"京剧好啊,China Opera",其中"China Opera"就是京剧的意思;用"在我还是 very young 的时候"来表达"在我还非常年轻的时候";等等。第三,滥用网络词语。例如,把"人"说成"银",使用网络流行语,如"伤不起"等。第四,语音不规范。存在诸如声调、元音发音、平翘舌不分等普通话语音问题。以上这些语言失范现象对于传统媒体主播而言是硬伤,甚至会成为其无法出镜的障碍,但是在网络世界中,由于没有影响正常的收听交流,反而成为节目另类的娱乐元素,成了"嘚吧"的一种风格。有时大鹏那带着浓重东北口音的英语,让人感觉他明明不太会说,却又在假装洋气,在某种意义上使他草根的本质发挥得更加淋漓尽致。①

(三)《罗辑思维》——主播是节目的灵魂人物

2012 年 12 月 21 日,自媒体脱口秀节目《罗辑思维》开播。这是一档读书节目,主持人罗振宇以"有种、有趣、有料"为宗旨,以"死磕自

---

① 李桃. 网络主持发展简史 [M]. 北京:科学出版社,2018:69-70.

己,愉悦大家"为口号,向受众推荐书目、传递知识。用罗振宇的话说,《罗辑思维》是一个要跨越十年的互联网实验,它不仅仅是一个脱口秀、一个自媒体,更是一个有灵魂的知识社群,是一帮自由人的自由联合。从 2012 年开播至今,《罗辑思维》长视频脱口秀已累计播出了 200 多集,在优酷和喜马拉雅等平台播放量超过 10 亿次,在互联网经济、创业创新、社会历史等领域制造了很多现象级话题。那么这档节目的主播具有哪些特征呢?

首先,主播是节目的灵魂人物。在《罗辑思维》这个社群中,主播罗振宇由于身形高大,被网友们亲切地称为"罗胖"。罗胖经常挂在嘴边的,也是他认为这档自媒体节目能够吸引人的根本原因就是他自己这个"魅力人格体"。

主播作为《罗辑思维》这个社群中的魅力人格体,是为社群中的大众所喜爱的。罗胖认为,在如今这个社会中,再多的财富或者再高的地位都不如爱你的人重要,"有人爱"才是我们生活在这个世界上的终极追求。这些话道出了自媒体主播的生存之道。作为自媒体主播,只有拥有值得被爱的才华和人格魅力,其自媒体节目才能顺利而长久地运营下去。不过,爱是双向的情感。如果说每个自媒体和用户之间的距离有 100 步,那么主播可以走 99 步。最后这一步不是主播不愿意走,而是不能走。因为自媒体主播和受众都拥有选择的权利,主播必须用这最后一步去筛选自己的受众,受众也需要用这最后一步去选择自己所爱的主播,主动地向主播靠拢。这体现了自媒体节目中人的主动性和自由性。

其次,主播是知识的"二传手"。在《罗辑思维》的社群中,虽然主播是灵魂人物,但是网友才是产生智慧的基础和保障,主播更像是知识的搬运工。罗胖很爱自嘲,常常调侃自己的体形,嘲笑自己的歪嘴,他这个"魅力人格体"是一个与网友们绝对平等的灵魂人物。罗胖认为,自己之所以可以担当人格核心,并不是因为自己拥有更多的知识或掌握更多的信息,而是因为自己懂得如何表达。他只是在充当知识的"二传手",过滤掉无用的信息,给渴望获取知识的人提供一个方便的途径。

再次,主播具备互联网化的思维方式。罗胖是一个具备互联网头脑的人,他热衷于分析互联网时代的特点并推广互联网化的生活方式。从《罗辑思维》的构思到成形,从节目内容到运作方式,罗胖都在尝试抛开传统时代和传统媒体的思维方式,运用互联网思维进行指导。连他的自我定位都是互联网式的——自带信息,不装系统,随时插拔,自由协作。做一个既能储备信息,又可以随时插拔的"U盘",他把这种生活方式称为"U盘化生存",并建议年轻朋友都尝试这样的生活状态。他认为随着互联网的迅猛发展,社会结构发生了巨大变化,人和人的协作变得更加自由,每个人都是市场里无数节点中的一个,衡量一个人价值的最公平的评价体系就是市场,因此,每个人都不要把自己捆绑在某个组织中,而要做一个独立自由的"手艺人"。罗胖建议大家做一个拥有技能的"U盘",虽然没有固定的用处,但有一个独特的社会节点价值,无论插到哪儿都可以运作,以一种手艺人的精神与这个社会进行协作,由市场给出一个公道的价格。

最后,主播的视角独特。很多观众看了《罗辑思维》都会觉得罗胖说的是歪理邪说。的确,他的很多观点与大众通常理解的不大一样,但是你细细听来又会发现,他只是提出了一种别致的思考角度供大家参考。罗胖说自己也未必完全相信这些理论,他只是在读书的过程中看到这些论述,觉得言之有理、持之有据,便拿出来和大家分享。这也正验证了罗胖对自己的定位——一个知识的"二传手"和"搬运工",并不是"布道者"。

罗胖的独特视角起初令人瞠目结舌,但观众又能被吸引着继续听下去,想看看他到底"葫芦里卖的什么药"。很典型的一期是罗胖开篇便抛出一个"歪理邪说"——石油是永远用不完的。大部分人都会认为这是诡辩,毕竟石油资源的总量是一定的,随着年复一年的消耗总会有枯竭的一天。可是罗胖从罗塞尔·罗伯茨《看不见的心》中受到启发,运用经济学的思维方法阐释了这样的观点:随着一种资源使用量的扩大,它的存量就会越来越少,同时它的价格也会越来越高。价格变高之后,商人就有了两种利益驱动力。一种是大家会有更大的动力投资研发,让开发这种资源的效率变高,产能变大;还有一种可能是,科学家或者商人因为获得这种资源的代价变得越来越高,便去开发别的替代性资源。因此,无论受到哪种因素的驱动，石油都不会被真正损耗殆尽，而是会随着价格因素和商业动能的不断变化，不断能动地调整资源构成格局。因为在经济学家眼里，所有要素之间都存在一种充分互动的关系，而不是固定不变的稳态。罗胖类似的"歪理邪说"还有很多。面对这些令人瞠目结舌的观点，观众往往会在瞬间产生想要反驳的强烈欲望，但是随之又会注意力高度集中地听下去。①

（四）《奇葩说》——主播兼具"用户"和"草根"特征

《奇葩说》是一档竞技类脱口秀，自2014年11月29日在爱奇艺网站首播至2021年，已经完成了7季的播放，总播放量破30亿次，多项数据创造了互联网自制综艺节目之最，成为近几年的现象级综艺节目，极具品牌影响力和号召力。

《奇葩说》由主播、选手、受众三类人员构成。节目主播以团队的形式存在，包括马东、蔡康永、金星、罗振宇、高晓松及何炅等。《奇葩说》这档多人秀采用的是主播、选手、受众合力创造内容的模式。受众和选手从被主播提到的"内容"，变为主动参与节目生产的用户，其地位与作用和主播同等重要。主播成为节目的把关人，并且会与受众和选手一起为节目创造内容。功能和地位的相似，使主播成为用户中的一员，具备了用户的属性。

此外，主播还具备"草根"的特征。《奇葩说》作为网络群口秀，互动更加充分，讨论更加自由，发言者更具草根性。《奇葩说》中的选手都是经由海选产生的。他们像普通用户一样为自己代言，拥有接地气的观点，具有彻底的草根性。而且每个人职业各异，这扩大了他们所能够代表的群体的范围。主播为了更好地融入节目，寻找社群的归属感，其言语行为需要符合节目的社群认同。他们需要像选手和受众一样，体现接地气的态度与行为，表现出一定的草根性。②

---

① 李桃. 网络主持发展简史［M］. 北京：科学出版社，2018：76-79.
② 李桃. 网络主持发展简史［M］. 北京：科学出版社，2018：84-86.

（五）新浪博客网络春晚主持——某些主播活泼有余，专业不足

2008年2月4日，由新浪博客举办的网络春晚火热开播。这场春晚由六台分晚会组成，分别是"主晚会""搞笑春晚""动漫春晚""美女帅哥原创春晚""音乐春晚""盘点2007"。网友可以在新浪网首页屏幕下方点击分晚会的名称进行切换，并可以在屏幕右方选择已播出的节目进行回放，还可以进入评论区实时分享心得并对节目进行有奖投票。

这六台分晚会各有特色，主持风格各不相同。总体来说，主播具备以下共同特点。

首先，语言表达生活化。主播的语言简单活泼，没有太多华丽的辞藻与复合句，以简单句为主，多为生活用语，语言生动，不拘一格。同时，语言表现出"去专业化"倾向，语音语法的规范性及语音发声的艺术性较弱。

其次，主持形式灵活化。晚会既有多人报幕式的主持形态，又有双人坐在沙发上聊天式的主持形态；既有嘉宾参与式的主持形态，又有嘉宾独立客串的主持形态；既有真实主播的主持形态，又有虚拟主播参与的主持形态。例如，在"搞笑春晚"中，每一个主持环节都邀请嘉宾进行客串主持，武术美女"猫耳宝贝"、翻唱作曲达人慕容萱、网络恶搞鼻祖胡戈及音乐才女嘉恋等都客串了主播，"后舍男生"还将表演形式融入了主持创作。"盘点2007"环节中出现了虚拟主播小马，小马歪戴棒球帽，大红色毛衣搭配亮蓝色外套，说着一口并不标准的普通话，表情也很夸张，非常调皮可爱，就像是网友身边的活宝大男孩儿。

再次，气质风格草根化。草根化是互联网的显著特征。在互联网引发的"众媒时代"，主持表现形式的"众"、创作主体的"众"、传播结构的"众"和传播平台的"众"，使得媒体内容的生产门槛降低，人人都可以成为传播者。很多主播来自民间，因此，创作主体的气质与风格体现出草根化特征。受众可以从主播身上看到自己的影子，与主播之间的距离感缩短，亲近感倍增。但是，低门槛也导致传播者素质良莠不齐。这六台分晚会的主播就存在普通话不标准、语言表达不流畅、在镜头前过于拘束及副语言琐碎等问题。面对草根主播的不专业，大多数网友的态度却很包容。

因为网络春晚就像是一群老朋友的自娱自乐，大家以参与其中为乐，是否专业并不是最重要的。就像在社区、公司和班级举办联欢会一样，大家通常不会对主播或节目质量有过于苛刻的要求。这些来自身边的邻居、同事和同学精心编排的节目，虽然在表演时有些许瑕疵或失误，但是大家觉得很真实也很搞笑。互联网带给网友的就是这种社群体验，从主播到表演者都是网络上大家熟悉的"陌生人"。网友对他们自然不会像对待专业主播那样苛刻，而是以平等的心态去欣赏和参与。①

（六）聊天室和网络版面主持——主播行为社群化

交互性强是互联网的显著特征。网络聊天室和论坛是最能体现这一优势的互动平台之一。2005年4月20日，电视节目主播李静携手新浪UC，在其视频聊天室中推出国内第一档网络视频聊天室互动栏目——《静距离》，这是由电视节目主播在网络中开设的音视频节目。《静距离》在传统电视访谈及网络在线聊天的基础上，增加了网友的互动和参与，广大网友可以进入新浪UC《静距离》视频聊天室，踊跃"上麦"直接参与。新浪UC为用户打造了一个由主播、嘉宾和网友组成的三方互动的网络节目。借助聊天室这个平台，网友可以充分地表达自己的想法，与主播和嘉宾进行深入互动，真正地参与并影响节目进程。下面就以第2期节目《网恋靠谱吗?》为例对聊天室和网络版面主播进行分析。

聊天室和网络版面主播在节目中的主持风格往往平易近人，很像是论坛或聊天室这个社群中知心、温和的家长，其身份定位、行为方式、语言表达等都具有社群化特征。在节目中，主播通过文字和音视频等互动手段激发受众个体间的交流互动，利用网络互联性，突破时空限制，将分布在各个角落的零散受众有机整合。受众由于共同的兴趣聚集在一起，个人情感在较为充分的交互中得到宣泄与关注，从而获取了社会认同感和归属感。这使得网络聊天室节目就像一个相亲相爱的家庭社群，而主播就是这个社群的家长。在《静距离》中，主播李静就充当了知心大姐姐的角色，带领聊天室中的网友畅聊人生，开解心怀。

---

① 李桃. 网络主持发展简史 [M]. 北京：科学出版社，2018：93-96.

在第 2 期节目中，主播李静略施粉黛，身着一件亮色休闲 T 恤，与嘉宾并排坐在电脑桌后方，以一句具有网络特色的问候语轻松地开始了节目："大家好，欢迎收看《静距离》第 2 期节目！首先我们请各位网友为我们第 2 期节目献花！"同时李静对身边的嘉宾解释，"献花"就是鼓掌的意思。接着，李静向网友们介绍嘉宾："看过《情感方程式》的观众都知道，我旁边的这位就是节目的嘉宾，著名心理学家金韵蓉老师，金老师好！"并抛出了这期话题："今天我们要和网友们讨论一个和大家密切相关的话题，也是大家最感兴趣的一个话题，叫'网恋靠谱吗'。"李静结合自身传统媒体主播的身份，利用自己在传统媒体积累的知名度和受众基础，邀请自己主持的电视节目《情感方程式》的常约嘉宾——心理学家金韵蓉，并自然地和网友们"套近乎"，把自己定位为网友们的老朋友、《静距离》这个大家庭的知心姐姐。这种平等的意识、平和的心态，以及平民化的定位使网友感到非常亲切。

在接下来的节目中，围绕这期话题，李静集主持、评述、采访、互动于一体，充分发挥一个网络聊天室主播的作用。例如，节目刚开始，李静作为主播率先创造谈话氛围，调节谈话情绪，鼓励各位网友向自己暗恋的网友告白，并说她将挑选一些精彩告白在节目中替网友宣读。此话一出，许多网友就开始"摩拳擦掌"，聊天室的气氛也很快活跃起来。在节目进行过程中，李静会结合谈话进程，控制话语权，展开即兴点评。又如，在一位网友和大家分享了他的网恋经历，并悲观地认为网恋不靠谱后，李静发表了自己的见解："我身边就有通过网恋而成功结合的朋友。我认为网恋只是恋爱的一种形式，其实并不是网恋本身不靠谱，而是恋爱的两个人是否靠谱与合适。有时即使你爱上了一个发小，一个知根知底的人，可是他还是可能在感情中欺骗你；有时可能只是在网上认识的一个陌生人，他却成了和你度过一生的人……"

在整期节目中，李静敢于表现自己的个性，将自己与整个节目融为一体。她的特立独行、率真、俏皮，将《静距离》营造成能够使大家敞开心扉坦诚交流的空间。针对或隐秘或犀利的话题，李静的点评真诚且大胆，因而网友在她的感染下都乐意袒露心声。网友把《静距离》当作一个在知心姐姐李静的带领下，可以深度交流、共同答疑解惑的温馨社群。如果离开了李静，《静距离》也就在网友心中失去了坐标。温馨、温暖、温情的节目氛围与相对封闭而隐秘的对话环境，不仅使网络聊天室节目的传播环境体现出社群化特征，而且让主播具备了社群化色彩。①

---

① 李桃. 网络主持发展简史 [M]. 北京：科学出版社，2018：100-103.

第二章
网络视频主播的主要类型

随着媒介技术的不断升级和互联网的不断普及，虚拟的网络社区逐渐成为社会现实生活中的一部分。互联网不断成为社会生活中的基础性设施，互联网的用户群体也在不断扩大。根据中国互联网络信息中心2020年9月29日发布的报告，截至2020年上半年，我国网民数量已达到9.40亿人。[①] 庞大的用户数量和由此衍生出来的网络需求促进了网络视频平台及网络视频主播这一行业的兴起。随之而来的是各种各样的直播平台，如斗鱼直播、虎牙直播、熊猫直播、映客直播、YY直播、龙珠直播、战旗、来疯直播、新浪秀场、风云直播等。直播的内容主要集中在聊天互动、网游、户外探险、美食、美妆测评、科技开箱、才艺展示、思维脑洞、技能教学、体育等方面。

网络视频直播具有再现性、重复性、多样性、共享性等特点。这些特性共同构成了网络视频直播的优势。区别于传统媒介的一次性播放机制，网络视频直播在播出后通常可以在网络平台上找到往期内容，满足受众再次观看的需要。网络视频直播的这种再现性和重复性也使得网络视频直播能突破时间的限制，在更大程度上满足受众的需求。由于网络视频直播的PUGC（Professional User Generated Content，专家生产内容）模式，网络平台在网络视频直播中仅充当收集、整理、播出、分发的角色。来自不同地域的网络视频主播通过直播的方式展现不同的地区特色，给直播内容的多样性带来无限的可能。相较于传统媒体而言，网络视频直播打破了空间限制，让"时时"与"处处"成为可能。在PUGC模式下，受众可以在家中通过手机了解多样的世界，这也是网络视频直播多样性的体现。网络视频直播的共享性就在于低门槛和普及化。只要拥有一部智能手机，下载直播App，注册、登录账号，就可以全时段无障碍地观看直播。在观看直播的同时，点赞、互动和评论通常是免费的，没有门槛，真正实现了全民互动、全民共享。一个视频可以被无数人数次观看。这种共享性是网络视频直播的特性优势的具体体现，也在一定程度上极大地节约了资源，方

---

① 刘金辉，范莉. 论网络环境下的家庭教育与儿童社会化 [J]. 邢台职业技术学院学报，2012, 29 (6): 66-69.

便了人们的生活,丰富了人们的生活方式。①

由此出现的网络视频主播的类型更加多元化。本章将主要分析和探讨带货主播、才艺主播、美食主播、情感主播、游戏主播等主要主播类型。

第一节 网络视频带货主播

网络视频带货主播是指通过网络视频直播的方式进行公益或商业性质销售的人员。网络视频带货主播在2020年成了颇受关注的一个新兴职业。根据人社部的公告,网络视频带货主播被命名为互联网营销师,成为国家认证的新兴职业。根据中国互联网络信息中心发布的第46次《中国互联网络发展状况统计报告》,截至2020年上半年,我国网络视频直播用户规模达5.62亿人,占整体网民的59.8%。其中,电商直播用户规模为3.09亿人,占整体网民的32.9%。② 尤其在新冠肺炎疫情期间,直播带货在一定程度上成为人们寄托情感诉求和维持正常生活的重要渠道。

一、性质属性

网络视频带货主播按其带货性质主要可以分为公益性质主播和商业性质主播两大类。公益性质主播主要以公益行动及扶农、助农为主要出发点。例如,2020年4月6日,受疫情影响,湖北一大批优质农副产品滞销。基于此,中央广播电视总台央视新闻推出了"谢谢你为湖北拼单"公益行动首场直播带货活动,由中央广播电视总台主持人朱广权搭档实力带货主播李佳琦组成"小朱配琦"为湖北带货(图2-1)。

图2-1 谢谢你为湖北拼单(公益性质)

(图片来源:央视新闻)

---

① 钱隆.浅析新媒体时代下的网络直播[J].新闻研究导刊,2016,7(23):99.
② 中国互联网络信息中心.第46次《中国互联网络发展状况统计报告》[EB/OL].(2020-09-29)[2021-04-27].http://www.cac.gov.cn/2020-09-29/c_1602939918747816.htm.

直播中，两位主播以充满网感的语言向受众推销湖北特产热干面、莲藕等产品，受到了广泛欢迎。最终，整场直播观看次数达1.22亿次，累计销售额为4 014万元。①

另外，在脱贫攻坚的进程中，互联网视频直播对于扶农、助农、富农产生了重要的影响。基于此，一大批政府部门、媒体、网络平台积极开展网络视频直播助农活动，学习强国、淘宝、抖音、快手等App也相继开辟了助农项目。例如，2019年1月，淘宝直播上线了"县长来了"村播项目，邀请一个县的县长或基层干部上直播，帮助当地村民销售农产品。同年3月，淘宝直播又与来自山西、河南等11个省市的代表共同启动了"村播计划"，宣布与全国100个县市建立长期直播合作关系，培育农民主播，助力农产品销售。截至2020年第一季度，农产品相关直播已达到140多万场，覆盖全国31个省（自治区、直辖市）、2 000多个县，引导60 000多名新农人加入。根据短视频平台快手的数据，2019年有超过1 900万人通过快手平台的直播带货获得了收入，而其中有超过500万人来自国家级贫困县。②随着脱贫攻坚的不断深化，以及受到疫情的影响，更多地区基层的政府工作人员、网络视频直播大V也相继加入了直播带货的行列。

商业性质直播带货（图2-2）主要根植于互联网属性下的商品经济，也是当下直播带货行业的直播样式之一。商业

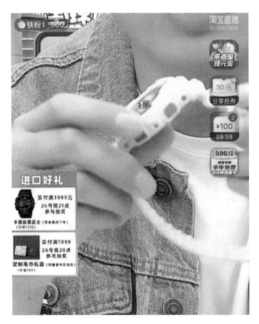

图2-2　商业性质直播带货
（图片来源：淘宝直播）

---

① 李盛楠. 央视新闻新媒体"直播带货"，打造精准扶贫新样本［J］. 中国广播影视，2020（11）：46-49.

② 郭红东，曲江. 直播带货助农的可持续发展研究［J］. 人民论坛，2020（20）：74-76.

性质直播带货在相当程度上受到粉丝经济及名人效应的影响，主要形式有专业领域达人推荐、线下店铺直播、价格优惠下的秒杀等。基于互联网打破时空界限的特点，互联网上更容易形成突破时空界限的社群，由此形成的粉丝社群和粉丝经济便随之而来。粉丝经济在互联网场域中更容易产生"光环效应"。所谓"光环效应"，体现在网络视频直播中，则是粉丝由于对某一流量主播的喜爱，受其影响会主动购买该主播所推销的商品；反过来，粉丝的助力又进一步增强了主播的影响力。由于主播具有一定的粉丝影响力和号召力，因此，主播便具有了无可比拟的议价优势。主播聚合的购买力越强，他们能拿到的折扣就越高，从而就会以更加低廉的价格回馈粉丝，而价格越低反过来又会吸引更多的粉丝、增强粉丝黏性，从而最终形成一个良性循环，进一步提升粉丝经济的效力和优势。① 商业性质主播涉猎的行业十分广泛，小到日常生活中的食品、美妆、生活用品，大到家电、汽车等，基本覆盖互联网领域所涉及的商业品类。许多网络视频主播也并非仅仅局限于单一的商品和品类，而是兼具多个商品和品类的营销。例如，知名网络视频主播李佳琦以销售口红而走红，同时他的直播间还推销不粘锅、拖鞋、三顿半超即溶精品咖啡、轩妈蛋黄酥、小梅屋梅饼等商品。

二、直播特点

以李佳琦为代表的职业带货主播和以林允、李湘、朱丹、冯提莫为代表的跨界明星主播成为中国带货主播的典型代表。大多数主播在直播平台带货的转化率超过了70%，甚至个别场次的直播带货转化率超过了83%。其中，目前最受关注的带货主播非李佳琦莫属，他也被称呼为"带货一哥"。

（一）直播营销策略设计严谨

李佳琦在直播中语言表达和推销策略特点鲜明，并对整场直播有着严谨的设计。例如，李佳琦在直播的前5分钟会设置悬念，以此来吸引用户

---

① 邓燕玲，高贵武. 直播带货带来了什么 网络直播带货的机遇与思考［J］. 新闻与写作，2020（7）：95-99.

眼球，勾起用户的好奇心；在 5~10 分钟时往往会通过各种抽奖活动积聚人气，为之后的货品推销做好铺垫；在 10~15 分钟时开始对货物进行解释，与用户互动，并常常通过亲身试用来提供真实的体验，进一步吸引用户；在 15~20 分钟时则通过对比同类产品，突出自身产品的品质优势；在 20~25 分钟时则再次强调优惠力度，促使更多用户下单；在 25~30 分钟时则进一步增加直播间热度，通过急促的话语制造出热烈抢购的氛围，进一步吸引更多的用户下单。

（二）语言表达"网感化"

以李佳琦为代表的网络视频带货主播在推销产品时的语言表达各有特点，不仅充满激情，而且极具鼓动性，同时语言表达都富有互联网的网感化特性，表达用语也更倾向于网络用词。例如，李佳琦在直播时最常用的就是"Oh My God""这个颜色也太好看了吧""答应我，买它"。网络化的用语及情感倾向，最大限度地适应了互联网信息传播的特性，也因此吸引了更多用户和粉丝购买与关注。

在新冠肺炎疫情期间，针对相关地区面临的农产品销售困境，淘宝、快手、抖音等平台搭建起"县长带货"的直播平台。平日里较少出现在公众视线中的市长、县长们开始组团推销本地区的特色农产品。在直播平台中，一向严肃、严谨的领导，一改往日风格，左一个"宝宝"，右一个"老铁"，不仅哄得粉丝心花怒放，而且取得了不菲的业绩。市长、县长们充满网感化的语言，带动了更多网友积极参与购买，既构建起服务型政府的亲民形象，也切实解决了困难地区农民的实际需求。

（三）体验式直播

网络视频直播带货依托通信网络，构建起传受双方强烈的交互性和可视性，也带给用户"临场化"的体验。网络视频带货主播在直播中往往不是单纯的语言推销，而是通过亲身试验给用户带来一种"所见即所得"的真实感，以此拉近生产者与消费者之间的距离，从而建立起用户对于品牌的信任度。例如，李佳琦在直播中为女性用户试用大量口红；许多农民主播实景展示自家果园场景，并通过采摘、试吃、下厨等接地气的活动，极大地调动了用户的购买兴趣。

三、现存问题

随着互联网不断深化和普及，网络视频带货主播的群体日益庞大，但随之暴露出来的相关问题也不容忽视，其主要问题有质量及售后服务不过关、难以形成持续性的品牌效应及直播过程中出现不文明的现象。

网友指出直播带货存在"夸大其词""假货太多""良莠不齐"等主要问题。网红经济乱象严重扰乱了我国媒体购物行业的正常发展秩序，给社会公众群体造成了巨大的经济损失，严重影响实体企业投入资金进行自主研发的积极性，而假冒伪劣产品致使行业创新徘徊不前。广大群众呼吁相关部门尽快健全直播带货标准，加强监管力度。

从直播链来看，像李佳琦等知名主播的带货合作伙伴相对已形成品质保证和品牌效应。然而，直播行业两极分化的现象仍然较为明显。普通主播相对于较知名主播并不容易实现与大品牌公司的合作，而一些小型公司的产品或是个体商户的产品质量较难得到保证。尤其在一些欠发达地区，当地农民并不能充分适应互联网经济的形态，仅仅是实现了线下商品线上卖的角色转换，对于自身商品的售后服务、退换货等售后相关要求并不能达到职业电商的标准。

从直播从业人员来看，互联网门槛低、对从业人员限制较少的不足也体现在直播过程中。相当一部分主播在直播过程中出现不文明用语，甚至直播场面一度失控。[①]

因此，未来在强化市场监管体系的过程中，对主播准入资格的审查、对主播行为的约束、对产品品质的保障、产品售后配套制度的建立、直播流程的标准化等都需要进一步细化和深化，以进一步规范网络视频直播带货行业的发展，确保网络视频直播带货这一新兴业态更好地服务于用户，并健康、阳光地发展。

---

① 张璋. 网络直播视频节目的拟态环境研究：以《英雄联盟》游戏直播为例 [D]. 武汉：华中师范大学，2018.

第二节 网络视频才艺主播

网络视频才艺主播是指依托于互联网直播平台，通过展示歌唱、舞蹈等才艺的网络视频直播的从业者。才艺主播依托的平台较为分散，主要有抖音、快手、一直播、YY、斗鱼、QQ等平台。其中不乏许多优秀的原创主播和原创作品爆红网络，例如，冯提莫、"吴迪多寂寞"、"我的名字是阿哲"、"崔阿扎"、"魏小也"、王思亿、曲诗涵、"sunny是个小太阳"等。

一、性质属性

网络视频才艺主播主要以娱乐属性为特征，通过原创或翻唱、模仿知名歌曲和舞蹈等方式实现内容输出，并具有较强的网络互动特性。用户可以通过评论、刷弹幕、打赏等方式与主播建立联系，并可能形成相应的圈层。

网络视频才艺主播的火爆主要植根于"网红经济"的不断深入发展。才艺主播依靠自身的独特才艺和个人魅力积聚起较为庞大而稳定的粉丝群体，进一步形成相应的"粉丝经济"。网络视频才艺主播主要依靠网络原创作品及日常直播中的粉丝打赏和刷礼物作为其主要营收来源。

二、直播特点

（一）多才多艺

相对而言网络视频才艺主播准入门槛较低，所需成本也不高，仅仅需要一部智能移动终端及相对固定和安静的直播场所即可。才艺主播若希望在网络视频直播中获得关注、赢得流量，则必须具备一定的才艺。例如，获得2017年度搜狐时尚盛典年度最火主播奖的网络视频主播冯提莫便是早期职业女主播的代表。冯提莫在2014年9月就正式成为职业网络视频主播，主要依托演唱原创歌曲和翻唱歌曲而受到关注。2016

年9月翻唱蔡健雅的专辑《说到爱》中的主打歌《别找我麻烦》。2016年12月为电影《28岁未成年》演唱片头曲《你不懂我》，从此开始爆红于网络。2017年为手游演唱主题曲《一念》，随后发行了个人首支单曲《识食物者为俊杰》。2019年举办首场个人演唱会，并发布首张原唱实体专辑《冯提莫》。因此，对于网络视频才艺主播而言，一定的才艺基础和表演能力是其获得关注的必要前提（图2-3）。

图2-3　网络视频才艺主播

（图片来源：抖音）

（二）稳定的直播时段

网络视频才艺主播需要有固定的直播时段和一定的直播时长来形成受众黏性，以便最大限度地积聚人气，这也是职业网络视频才艺主播和一般游客类主播或爱好型主播的最大区别。例如，网络视频才艺主播一般开播时间为工作日的晚间休息时间和周末休息日全天。为了迎合和满足更多用户的娱乐需求、积聚更多人气，网络视频才艺主播往往选择用户空闲时刻作为开播时间，并持续直播4个小时以上。

（三）高度互动性

网络视频才艺主播与用户之间保持强烈的互动性，一方面源于直播平台设置有较为丰富的互动机制，另一方面也源于网络视频才艺主播的播出性质。一直播、YY、虎牙、斗鱼等平台有着十分丰富的互动设计，从普通用户的每天签到得经验、金币，到各式各样的用户打赏主播的设计，还有丰富的表情包、弹幕、评论设计。用户也可以通过充值获得更多更高价值的特权和服务。同时，网络视频才艺主播时常会因为在与用户的互动中，为满足用户的观赏需求和审美需求而特地选择用户喜爱的直播内容，直播间也会因此吸引更多的用户参与。在直播进程中，网络视频才艺主播还会通过发放红包、抽奖等形式吸引并留住更多用户，以此来获得更多的关注度和更为丰厚的经济效益。

三、现存问题

（一）低俗化倾向

网络视频才艺主播当前已成为网络视频直播行业的重要组成部分。不可否认的是，网络视频直播行业涌现出了一批优秀的才艺主播，以及关于他们成长的励志故事，但仍存在部分才艺主播在直播时用低俗化语言表达和大尺度表演行为吸引用户关注或满足用户所谓"刺激"的要求，这违背了公序良俗、破坏了社会风气。在这样的情况下，视频直播就成为传播不正当价值观、教唆违法犯罪的温床。这不仅对未成年网络用户的身心健康发展造成了严重危害，也不利于营造良好的互联网环境。

近年来，相关部门已出台了一系列整治网络空间违法犯罪行为的法律和法规，下架和整改了一批游走于法律边界或超越法律底线的违法违规App，永久注销和封停了一批违法违规借用网络视频平台攫取不法收入的网络视频主播的账号。同时，相关平台也不断完善平台内部内容准入和审查的标准，借助大数据和人工智能技术不断强化对网络视频主播相关信息的审查与直播内容的监测，也赋予了用户更多监督、举报违法违规直播内容的权利。

（二）原创性不足

当前，网络视频才艺主播的原创性明显不足，存在大量未经作者和出版方授权与许可而大肆侵权的现象，甚至以此作为营利手段。许多网络视频才艺主播的才艺表演几乎是对原创作者的翻唱和模仿，甚至将原作者的创作内容进行肆意改编以制造"笑果"，这样显然无法发展长远。

第三节　网络视频美食主播

网络视频美食主播（图 2-4）主要是以互联网直播平台或共享平台为媒介，向用户"种草"美食店铺、普及如何制作美食和直播品鉴美食的网络视频直播的从业者。美食直播形式主要包括网络视频直播平台的直播和 VLOG 美食记录分享两种。网络视频直播平台主要展现的是美食主播的吃播过程，VLOG 美食记录分享主要展现美食主播日常生活或旅游过程中对具有特色且美味的食物的推介，或者拍摄记录美食主播从购买原材料、清洗加工原材料到烧制美食、品鉴美食的全过程。

图 2-4　网络视频美食主播

（图片来源：哔哩哔哩）

网络视频美食主播与其他类型网络视频主播有所不同，其最大的不同之处在于，并不要求全程直播和视频内容的及时性传播。对于用户而言，用户不必受限于主播的直播时间，而是可以随时随地观看主播的美食视频。许多用户都会选择在工作日的午餐时间、晚餐时间及睡前的饥饿时段观看。

一、性质属性

网络视频美食主播主要以介绍商业美食、休闲娱乐为目的。淘宝吃货联合淘榜单发布的《2019 淘宝美食直播趋势报告》显示，美食直播作为商家们吸引吃货的新法宝，已成为淘宝吃货经济的新风口。仅在 2018 年，就有超过 16 亿人次在淘宝"蹲守"美食直播，直播间卖出的美食同比增幅超 400%。如今，淘宝每天有数千场美食直播。另据抖音联合巨量引擎发布的《2020 抖音直播数据图谱》，2020 年度美食类直播分享次数比 2019 年增长 283%。① 与通常意义上用户将美食直播定位为"大胃王""无所不吃"等吸睛表演不同，网络视频直播平台中的美食直播永远定位于美食本身。用户通过直播间美食主播的介绍，仿佛亲自深入了食物的原产地，亲身体验和感受不同美食的地域属性，了解各具特色的美食和地域文化。

（一）直播时间

网络视频美食主播的直播时间往往是下午到午夜。数据显示，吃货们观看淘宝美食直播最活跃的时段依次为北京时间 21—22 时、19—20 时、23—24 时、15—16 时、17—18 时等，其中，北京时间 19—24 时这 5 个小时贡献了全天 58%的观看时长。因此，晚间开播的美食直播也被称为网友们的"深夜食堂"。

（二）主播带货大数据

网络视频美食主播在直播中通过亲自品尝，为更多的直播间用户搭建起与美食沟通交流的桥梁。例如，晚间时刻开播的美食主播往往选择试吃以小火锅等方便速食、牛排等肉制品为主的色香味俱全的美食。在深夜饥肠辘辘的时刻，直播镜头下色香味俱全的美食更容易吸引用户的关注。速食类食品的销量常年稳居热销榜前列，其中方便面、粉丝、米线、即食火锅、挂面、煎饼、年糕最为热销。速食产品的热销，正契合了当下青年人的餐饮喜好。

据统计，2019 年第一季度，淘宝直播间卖出的美食同比增长 456%。新鲜水果、膳食营养品、点心、肉干肉脯、海鲜水产品、方便速食类、饼干膨化类、蜜饯果干、坚果炒货、燕窝滋补品成为直播间最热销的十大美食品类。而水果中，榴梿的销售最为火爆，无论是在直播间观看人数上还是在下单金额上，榴梿都是当之无愧的直播间水果之王。橙子、杧果、车

---

① 马素梅. 新冠肺炎疫情背景下数字技术对社会生活的变革研究 [J]. 信息系统工程，2020（11）：133-134，137.

厘子、百香果也名列最受欢迎的水果的前几名。海鲜也是吃货们最爱在直播间购买的美食之一，各类虾类制品、鱼胶、大闸蟹、冻虾、海参销量最为靠前。

根据大数据对用户的数字画像，淘宝美食直播间的观众覆盖了各个年龄段。上至"60后"，下至"00后"，都有大批吃货蹲守在直播间。不同性别的美食类用户也各有偏好，而不同地域的用户在选择上各有侧重。广东省、江苏省、浙江省、山东省、河南省、河北省、四川省、湖北省、安徽省、上海市位列淘宝美食直播间"吃货排行榜"前十位。

（三）体验式直播

网络视频美食直播不仅会展现美食主播对产品的推荐和品尝，而且会通过第一视角的拍摄，向用户原景展示食品的采摘、捕捞、加工等全过程。在一些生鲜类食品的直播中，为了使用户感受到产品的天然无公害，美食主播往往直接将镜头对准赶海捕鱼、捉鸡捡蛋、采菜摘果等原材料采集的第一过程，让用户能够更安心地下单。例如，在葫芦岛兴城承包滩涂的渔民主播高源就是淘宝上的一位"赶海人"。跟着潮汐，一边在沙滩上寻找玉螺、花甲、螃蟹、八爪鱼的踪迹，一边跟直播间用户和粉丝闲聊海边的趣事，这成了高源作为主播的日常，而直播间的粉丝对这位渔民主播的评论就是"好玩""新鲜""靠谱"等。在淘宝上，超过65%的美食主播都是类似高源这样的淘宝店主本人，他们的平均年龄为35岁，约一半居住在三四线及以下城市。他们热爱美食，也成为美食的最佳代言人。环顾各平台美食直播热销榜单，我们可以大致勾勒出一幅中国美食地图。数据显示，以出海捕捞、深山采蜜、农家土特产现做现发、水果蔬菜现采现摘、养殖基地在线挑选为代表的原产地直播已经成为互联网视频平台美食类直播的热门趋势。例如，通过网络视频直播卖出最多传统滋补食品的城市是吉林省白山市，卖出最多水果的城市是海南省海口市，卖出最多方便速食食品的是生产螺蛳粉的柳州市。不同地域的特色美食构建起不同地域的美食文化。

二、VLOG 美食记录

技术赋能下的互联网络正不断形成万物互联的格局，时间和空间的边界正不断消弭，在网络空间场域中"人人都有麦克风"。因此，在互联网社交媒体中，通过 VLOG 的形式记录生活的用户越来越多，更多年轻用户也通过 VLOG 的形式接收信息和参与网络社交活动。而美食类 VLOG 作为其中颇受关注的一类，也吸引着更多的青年用户参与分享和日常收看。

VLOG 美食主播的美食类视频的发布往往不受直播时间的限制，大致可分为日更和周更两种。而社交媒体中 VLOG 美食主播大致分为两类：一类是专业美食类主播；另一类则是日常分享类主播。知名美食主播代表有密子君、李子柒、"办公室小野""零食少女""大胃爱丽丝""牛奶少女""中华小鸣仔""Amanda 的小厨房""美食家大雄""深夜放毒少女"等。按发布的内容分，美食主播大致可分为美食测评类、美食制作类、乡村地域特色类、下饭类等类型。

（一）美食测评类

美食测评类主播通常以试吃、种草、美食广告推介为日常工作。主播受商家邀请或用户要求而亲自来到各具特色的美食店，系统评估店铺的食材、环境、特色、口味、服务等多个方面的指标，从色香味等不同角度综合向直播间用户推介美食和店铺。例如，美食主播密子君探秘美食的脚步可谓遍布半个中国，其在微博实名发布安利"美食魔城"乐山的微博，阅读量超过 425 万人次，转发量达 9 000 余次，点赞量超 10 000 次。她在乐山的推介视频中向用户分别推介了蒸饺、烧卖、豆腐脑、砂锅、钵钵鸡、烧烤等美食。她还曾专程来到山西太原，为用户推介了一家知名冒菜馆"有家小冒菜"。对于为何选择推介这家店铺，密子君给出了这样的回答。第一，因为"有家小冒菜"是一家全国连锁大品牌，在全国已有几百家连锁店，而在太原只有一家。第二，因为"有家小冒菜"汤锅底秘方配置独特，据说是颇具特色且成本较高的牛骨汤底而非猪骨汤底，因此，汤底也是这家餐馆的招牌。第三，因为这家餐馆菜的种类多、价格低、分量大，相比于其他品牌的按串计费,"有家小冒菜"是按照克重来计费,荤菜3.8元50克,素菜1.8元50克,相当经济实惠。此外,冒脑花、麻辣千层肚、鲜椒小洋芋、冰粉等美食也是这家店的特色。第四,因为这家店就餐环境舒适,尽管小店只有七八张客桌,但墙面上的手绘图案让人感觉舒服,墙面上有龙猫、大白等可爱的动漫元素,这也成为诸多青年美食爱好者打卡和自拍的不二选择。

(二)美食制作类

美食制作类主播通常以展示和普及烹饪技巧、科普健康养生的膳食理念为主。例如,知名美食主播李子柒通过富有民族特色的视频,展现地区特色美食。李子柒为拍摄兰州拉面的视频,专门提前一个多月学习拉面拉制技巧,从而在视频中展现出熟练的制作手法和艺术美感。又如,美食主播"零食少女"每天会更新一些不同地域的简单菜谱,她所分享的美食菜谱基本是操作简单、容易上手的,非常适合上班族及年轻用户快速学习和操作。再如,美食主播"牛奶少女"和"大胃爱丽丝"时常在播出的视频中相互讨论美食功课、分享美食制作经验,深受用户喜爱。值得一提的是美食主播"Amanda 的小厨房",她在视频中,对美食制作的每一步都有具体详尽的解释,并且大部分食材的制作方法并不复杂,特别适合新手美食爱好者操作。

(三)乡村地域特色类

乡村地域特色类美食主播通常植根于某一地域,通过运用当地原产食材,以及当地特色的加工器材,烹制出具有地方特色的美食。美食主播通过 VLOG 的形式全景记录从选取食材、加工食材、生火烹制到美食品鉴的全过程,向用户展现地域特色,并表现出独特的乡愁记忆。例如,B 站知名美食主播"徐大 sao"的视频制作充满了原汁原味的乡村气息,无论是在食材的采购过程、制作过程,还是在品尝过程中,乡村气息所带来的回忆感都深得用户喜爱。在 2021 年 2 月 5 日推出的视频博客《过年吃烧烤,鸡头配蚕蛹,火鸡面配大蒜,背着家人吃了顿好的》中,美食主播"徐大 sao"用乡村传统的大锅煮鸡头等场面引起了网友的共鸣。网友在弹幕中发表了"我小时候就是这样""满满的回忆"等观点。同时，美食主播"徐大sao"在食物制作过程中注重很多细节，在后期的剪辑和制作中也特别注重将这些细节呈现出来。食物制作的全过程及品尝美食时的评论，不但让用户感受到了具有特色的地方美食，而且体验到了淳朴的乡土风情。

（四）下饭类

下饭类美食主播也就是网友们俗称的"大胃王"。这一类主播在直播过程中通常就某一美食进行品鉴，且进食量巨大。用户往往选择在午间或晚间"饭点"观看这类视频或直播。观看这类美食视频可以让用户在视觉和听觉上感受到美食主播品鉴美食时的"快感"。用户在观看时会不自觉地受到美食主播品鉴美食的影响，从而食欲大开。例如，下饭类美食主播"办公室小野"致力于用办公室已有设施制作美食，使用脑洞大开的方式做出各式各样的美食，如用饮水机蒸煮火锅、使用电熨斗制作烤肠等，吸引了相当多用户的关注和喜爱。

此外，"大胃"并不等于浪费。美食主播在进行直播的过程中，应承担起相应的社会责任，注意引导用户树立正确的饮食消费观，坚决禁止假吃、暴饮暴食等不良直播行为。

第四节　网络视频情感主播

网络视频情感主播，主要是指依托于互联网平台，通过分享自身情感经历和故事，或对于网友、用户关于某一事件发表自身看法，以及疏导当事人心理的网络视频直播的从业者。

一、性质属性

网络视频情感主播往往以分享情感经历、情感故事、疏导受众心理为主要任务。因此，商业属性和娱乐属性较弱。

二、播出内容

网络视频情感主播的节目样式通常分为两类。一类是就社会热点而进行的观点表达和评论，另一类则是针对情感问题进行情感疏导。例如，2021年1月19日B站up主"米茶心理"推出的视频博客《郑爽：你不是脆弱，你是让人毛骨悚然》中，对于处在微博热搜榜首的郑爽代孕事件发表看法。视频中"米茶心理"明确表达反对代孕和代孕合法化，并有理有据地抨击这一破坏伦理道德和触碰法律底线的问题。许多B站用户在弹幕中表达了诸如"女性绝不是生产工具""我感觉如果开放了代孕，那么任何适龄女性都会成为猎物"等观点的同时，也表达了对视频主播"米茶心理"的认同和赞许。由此可见，在面对某些国际国内社会热点事件时，用户通过平台的互动对视频内容进行解码和再编码，从而在网络公共空间中使内容传播的意义得以不断丰富，"共同体"情感和价值不断形成并聚合。另外，我们可以看到当前音频类媒体大多数开通了由网友自主制作、上传作品的音乐电台。诸如，网易云音乐电台、QQ音乐情感电台、蜻蜓FM音乐电台、搜狗音乐情感电台等，这类电台以情感音乐为依托或背景，每期选择一个主题，进行情感的分享和表达。

三、现存问题

其一，网络视频情感主播准入门槛低，当前仍然处于监管相对比较松散的阶段，因此，出现了诸如"情感主播剧本炒作""打情感牌诈骗"等不良现象。据媒体调查，情感直播内容生产已经形成产业链，有主播、演员、控场编导，还有假冒求助者的"麦手"与负责写冲突剧本的编剧。"麦手"还要具有搞笑、装傻充愣、爆点多等技能。可以说，这些情感类节目正是通过编写剧本来制造矛盾、吸引粉丝的，其最终目的还是在一个"利"字上。

其二，卖惨带货、编造离奇故事、演戏炒作，是这类情感主播的惯用伎俩。据报道，很多情感主播会通过直播带货获取收益，甚至出售"三无

图 2-5　快手科技发布打击不良行为的公告

产品"。部分情感主播为博取同情并获取更多关注量,大肆编造和炒作"剧本",一次又一次地展现出离谱、俗不可耐、触及道德底线的剧本,也一次又一次刷新着网友们的三观。网络视频情感主播一般通过连麦或去现场的方式帮助网友解决家庭纠纷。而由于求助者的故事颇为离奇,因而这些情感主播的粉丝量蔚为可观,从几万到数十万不等,有的甚至可以达到上百万。这也可以理解,这些情感主播聊的都是身边事,门槛低,粉丝能听懂,也能感同身受。直播间的故事情节离奇、跌宕,有噱头和矛盾点,较有吸引力……说到底,这些情感类节目可以同时满足人们的窥私欲与猎奇心理,并且每看完一次纠纷,人们还能产生伸张正义的快感与代入感。多种情绪满足混合在一起,情感节目热度高也就不难理解了。但夸张的情感直播,也严重影响了平台乃至整个互联网的风气。部分网友对情感主播直播间播出的"夸张家庭矛盾剧本"信以为真,严重影响到现实生活,世界观都因此"崩塌"了。

当前,相关平台的监测和相关规定的制定也在不断完善与细化中。例如,快手就加大了对"情感主播剧本炒作"的查处力度。在其平台官方账号发布的名单(图2-5)中,有152名网红被限制直播权限,甚至封号,其中不乏我们经常看到的一些网红大主播。官方平台加大惩处力度,对部分心存侥幸的网红情感主播起到了"惩戒"作用。我们也期待未来会有更多更严格的规定来规范互联网直播行业,营造更加健康的互联网直播氛围。

第五节　网络视频游戏主播

网络视频游戏主播（图2-6），主要是指依托网络视频直播平台，通过"直播+游戏"的形式，建立传受双方的共同空间，从而愉悦受众并获得关注，进一步获得经济效益的网络视频直播的从业者。当前游戏直播和观看平台主要有虎牙、斗鱼、抖音、

图2-6　网络视频游戏主播

（图片来源：抖音）

一直播、微信和QQ等，涉及的游戏类别主要分为手游休闲类和网游竞技类两种。手游休闲类游戏主要有《王者荣耀》《和平精英》等；网游竞技类游戏主要有《英雄联盟》《lol云顶之弈》《穿越火线》《魔兽世界》《地下城与勇士》等。以《王者荣耀》与《和平精英》为例，《王者荣耀》的主播受到较多关注的有"虎牙嗨氏""张大仙""斗鱼孤影""妲己的热情桑巴""企鹅电竞月爱""斗鱼九日"等；《和平精英》的主播受到较多关注的有"DK-不求人""DK-晚玉""鲨鱼哟""冷艳华""骚皮皮""冬季""王小歪""猫七"等。

相比于其他类型直播，网络视频游戏直播展现的并非是单一游戏或操作画面，而是二分屏幕甚至三分屏幕。游戏直播的主要屏幕所展现的是游戏直播画面，二分屏幕主要是展现游戏主播个人形象画面及其背后特定的背景，三分画面主要展现的是游戏主播操作游戏的手机画面及操作设置等。

一、性质属性

网络视频游戏直播主要以休闲娱乐为其根本属性,通过直播时游戏主播与游戏队友、用户的互动和教学达到愉悦受众的目的。网络视频游戏直播行业植根于电子竞技行业的不断发展,电子竞技游戏行业已经成为国际认可的产业。近些年,中国俱乐部在《英雄联盟》全球总决赛 S8 和 S9 赛季接连取得冠军,全球首家电竞体育公司腾竞体育成立。而在 2019 年,电子竞技运营师、电子竞技员被国家人社部纳入正式职业范畴,电子竞技也被归为与足球、篮球和排球属于同类型、商业化、市场化的职业体育竞赛表演活动。

二、直播特点

(一) 主播现场进行技术教学

网络视频游戏直播一方面迎合了青年人工作、学习之余的休闲娱乐和压力释放的诉求,另一方面也为一部分游戏玩家进一步了解游戏参数和数据、提升自身技术水平提供了平台。以手游休闲类游戏《和平精英》主播"DK-不求人"为例,"DK-不求人"作为虎牙直播平台人气主播,其虎牙平台订阅量达 1 264 万人次,开播时的实时收看和关注人数一般在 7 500～10 000 人。除了拥有较高人气外,"DK-不求人"也是一位具备较强游戏能力的实力主播,他在直播中会经常教用户选择枪械配件的技巧、攻防建筑物的技巧及一些个人游戏参数设置方法等。例如,"DK-不求人"在击杀敌人之后时常会分析刚才的游戏操作。诸如,如何选择位置卡位视角,如何预判敌人位置并提前打预判枪,如何利用掩体消耗敌方弹药,如何利用手雷掩护队友和给敌方制造杀伤力,等等。熟练且稳定的操作,对于许多抱着学习目的观看游戏的用户而言大有裨益。另外,"DK-不求人"还经常在直播过程中就一些常见建筑物分析其攻防原理。例如,针对《和平精英》经典模式海岛地图中最为常见的假车库建筑,"DK-不求人"就曾对如何进攻建筑内的敌人展示过详细的操作。

《王者荣耀》的主播"张大仙"在直播中时常会教用户如何搭配不同

英雄的铭文（游戏装备）。除此以外，"张大仙"在游戏中经常向直播间用户展现自己英雄的技能操作能力，他操作成功后，会向直播间用户详细介绍技能操作细节等。

（二）直播时段稳定

网络视频游戏主播的直播时间相对固定，每天开播时间为 5~8 小时，开播时间通常选择在下午或晚上，每周直播天数为 5~6 天。例如，《和平精英》主播"斗鱼美男子"的直播时间为北京时间 18:00—23:00，主播"DK-不求人"的直播时间为北京时间 17:00—23:00，主播"虎牙冬季"的直播时间是北京时间 15:00—20:00，主播"骚皮皮"的直播时间是北京时间 18:00—24:00 等。[1]

网络视频游戏主播的直播时间大多选择用户休息的晚间时刻，以便有更多用户观看直播。同时，网络视频游戏主播通常以固定的时间培养用户的习惯，并通过定时的礼物赠送以维系老用户、吸引新用户的关注。

（三）主播与路人进行游戏匹配和愉悦交流

网络视频游戏主播在直播时通常会进行个人技术展示以及在特定时间段匹配队友。主播个人技术展示主要是在直播的前半部分进行，此时人气正上涨，主播往往不与匹配队友互动或者不匹配相关队友，互动环节也只是和直播间用户进行互动；在直播的中后部分主播通常会随机匹配路人玩家，邀请路人玩家共同参与游戏互动和配合，这样就能在增加直播间热度的同时，为直播间的用户带来欢乐的气氛。《王者荣耀》排位赛的五人配合和《和平精英》游戏的四人匹配便是很多游戏主播直播时的常态化选择。例如，《和平精英》游戏中主播"DK-晚玉"与"DK-不求人"相互熟识，都是《和平精英》系列游戏的人气大主播。他们在直播过程中经常会冒充路人询问对另一主播的看法。在直播中"DK-晚玉"经常会匹配女性玩家，调节气氛以吸引女性玩家唱歌或分享自身经历，让诸多直播间用户在观看游戏时也能体验到别样的新鲜感和趣味性。正是游戏的这种匹配

---

[1] 周韩照. 多模态视域下的实时字幕翻译研究［D］. 上海：上海外国语大学，2021.

机制，让游戏直播的进程变得更加有悬念和充满不确定性。路人玩家的加入和互动也为游戏进程与用户体验注入了生机与活力，让直播间氛围变得更加愉悦、和谐。

（四）主播的话语表达幽默、直播样态轻松

网络视频游戏样态的本质是具有娱乐属性的。因此，相应的游戏直播间内也更需要热闹和愉悦的氛围。这就要求网络视频游戏主播具备调节气氛的能力。例如，《王者荣耀》主播"张大仙"在直播时表现幽默，当击杀敌人时表现出洋洋得意的神态，甚至会时常得意地给用户介绍他是如何击杀敌人并傲娇地哼唱小曲。《和平精英》主播"DK-不求人"在直播过程中也会时常"调皮"：在匹配直播中，"DK-不求人"时常会指挥队友在某一房间内各隐藏一角而不显露脚步，等待其他不知情的玩家走入圈套；在《和平精英》经典模式海岛地图中连通机场和海岛的架桥上，"DK-不求人"多次安排队友身处不同的位置，以伏击从机场赶来进入圈套但毫无察觉的敌人；甚至在最后的决赛只剩两名选手争冠的进程中，"DK-不求人"虽发现了敌人但不急于采取常规操作，而是以出奇制胜的方式克制敌人。每当这类非常规操作出现时，都会引起直播间用户一齐评论和刷屏，也会吸引更多的直播间用户为主播打赏，进而直播间内的气氛变得更加热烈。

网络视频游戏主播的直播场景往往选择具有生活气息和氛围轻松的特定密闭空间。因为网络视频游戏主播的直播时长较长，因此，在直播进程中也会刻意或不经意地展示出个人生活习惯、工作样态和个人喜好。例如，游戏主播"DK-不求人"的直播时间是北京时间17：00-23：00，当他直播到21：00左右时，通常会通过外卖平台点餐。并且"DK-不求人"在直播中会向用户推荐游戏设备，甚至会在与匹配队友的交流当中发表对于某一事件的看法或分享自身经历等。游戏主播"骚皮皮"在直播进程中也曾向直播间互动用户分享游戏直播行业的相关信息，以及这份职业不为网友所知的不易。主播"虎牙冬季"在直播中曾经向直播间用户剖析手游版《和平精英》与端游《和平精英》的区别，并详细分析了不同终端版本游戏的不同之处和各自的优缺点；他还在直播中向直播间用户分享了自己参与《和平精英》职业比赛的经验。

第三章
网络视频主播的基本特征

在传统的才艺与颜值直播外,"带货直播""综艺直播""教育直播""民俗直播""生活直播"等各类"直播+"创新正在改变着直播行业的原有面貌。与此同时,时代红利也造就了一批又一批"各显神通"的网络视频主播。虽然这些网络视频主播各有千秋,但我们仍能结合网络视频直播行业发展对其重要特征进行归纳。了解网络视频主播的主要特征,能够帮助我们在一定程度上对这一行业形成更深刻的认识,并从一个更为规范化的视角了解这一新兴群体。

第一节　全员参与性

有数据显示,截至 2020 年 3 月,我国直播用户再创新高,达 5.6 亿人。换言之,我国超 6 成的网民为直播用户。① 当直播与新闻、医疗、教育、娱乐等行业场景相结合,并逐渐渗透进我们的日常生活时,"云"开始成为一种生活风尚。随着网络技术的不断发展,云购物、云旅行、云监工成为必不可少的媒介参与行为,而电商类直播的风靡也使得"直播+"成为各大企业发力的重点。随着各大视频平台进一步细分内容品类,机构介入开展专业化生产运营,网络视频直播行业的娱乐内容生态也渐渐成型。"全民直播"时代已经到来,网络视频直播的"全员参与性"特征由此体现。"人人皆可直播"让越来越多的人参与到直播行业中。"全员参与性"这一特征的形成主要受到直播技术的普及、入行门槛的降低、社交属性的加持及直播市场的下沉等因素的影响。

一、直播技术的普及

随着媒介技术的飞速发展与移动通信工具的普及,网络视频直播迎来了它的时代——由从前"围坐在电视机前看直播"到如今"在手机上

---

① 2020 年中国直播行业分析报告:产业供需现状与发展前景研究[EB/OL].(2021-01-11)[2021-04-27].http://baogao.chinabaogao.com/wangluomeiti/436757436757.html.

玩直播"。

从 CNNIC（China Internet Network Information Center，中国互联网络信息中心）发布的第 46 次《中国互联网络发展状况统计报告》来看，截至 2020 年 6 月，我国网民规模达 9.40 亿人。我国网络视频（含短视频）用户规模达 8.88 亿人，占网民整体的 94.5%。① 可见，只要拥有一个移动终端，人人都可能成为网络视频用户，网络视频这一形式正越来越受到网民们的喜爱。

而当视频直播不再只是依托以电视为代表的传统媒体平台时，网络视频直播这一依赖数字空间、兼具社交平台属性的现象级传播形态正不断进化，其不仅在内容和形态上不断拓展，而且随着场景的变换与融合，还创造出新的信息环境。从早期的 YY 直播到斗鱼、虎牙直播、花椒直播、快手等不断细分的专业直播平台出现②，再到后来淘宝、微博、微信、B 站等大型平台（图 3-1）也都开拓了自己的直播功能，网络视频直播已经从秀场、体育、电竞走向泛娱乐、电商及更多垂直领域。平台的拓展与直播对生活的浸润让越来越多的用户感受到了网络视频直播的魅力与利好，并纷纷加入网络视频直播的队伍。

图 3-1　全网各大直播平台（部分）

面对不同的直播需求，不同的应用场景，许多人会产生一个疑问：做直播究竟需要什么设备呢？这就要从直播设备的演变谈起了。

（一）直播设备的演变

视频直播的观看历经了传统直播系统、新媒体直播系统及传统媒体与

---

① 中国互联网络信息中心. 第 46 次《中国互联网络发展状况统计报告》[EB/OL].(2020-09-29)[2021-04-27]. http://www.cac.gov.cn/2020-09/29/c_1602939918747816.htm.
② 彭祝斌，陈俞颖. 网络直播中的形象呈现及其视觉伦理[J]. 江西社会科学，2020，40(5)：240-246.

新媒体直播系统相融合这三种模式。

传统直播系统通常运用卫星、微波、光纤三种方式，将现场 PGM 信号传输到电视台内，再切换到对应的电视频道播出。传统直播系统在重大活动、晚会及突发事件的现场直播中得到充分运用，技术已经成熟。传统直播主要通过便携式卫星传输系统或卫星车来实现，将固定机位的摄像机拍摄到的现场画面转换为 SDI 信号，汇聚至现场进行切换或转播，再利用卫星实时传输回电视台，通过总控矩阵进行解码，以达到直播的目的。①

新媒体直播系统则运用了 4G 回传技术、P2P（Peer-to-Peer）技术、流媒体技术及最新的 5G 技术。4G 技术为无线传输提供了一种全新的方式，在能够使用手机的地方就能完成直播信号的传输，使直播便利程度大大提升。4G 直播技术是建立在 4G 网络回传技术之上的，"智能终端+4G 背包"的网络 IP 回传②是实现随时随地网络视频直播的必备套装。

P2P 技术，即对等网络技术，指的是点对点的对等互联网络技术。该技术具有高扩展性、健壮性和低成本等优点，能够为流媒体直播中的直播源、流数据网络的传输和回放提供基础。流媒体技术是一种网络传输技术，可以下载用户保存在网络中的音视频文件。用户无须等待文件全部下载完毕即可观看。在直播过程中，利用智能终端设备获取的直播源文件被高度压缩，经压缩处理后的音视频文件以较小的内存传输到流媒体服务器中，经过服务器的修改，最终实时传输解码。

随着通信技术的革新，拥有高速率、大容量、低时延的 5G 技术在直播领域得到应用。职业团队尝试为直播摄像师配备 5G 背包，在拍摄的同时直接完成信号传输。接入相机后这些画面在互联网直播平台上即可完成直播，传送给导播室。

新媒体直播系统指的是直接通过新媒体平台提供的直播功能进行直播。用户只需要一部具有网络功能、拍摄功能的手机，在手机上下载直播 App 即可开启直播。

---

① 曾鹏. 新形势下新媒体直播技术的发展 [J]. 新媒体研究，2018，4（4）：35-36.
② 张秀钟. 融媒体时代新媒体直播技术的发展 [J]. 科技传播，2019，11（4）：88-89.

当用户想要在新媒体平台实现专业设备镜头画面呈现与内容导播时,就需要传统媒体技术与新媒体网络视频直播系统的融合。除了拍摄设备、导播设备、音响设备、OBS 直播软件等专业配备必不可少外,还不可缺少的环节就是"推流"。在平台中获取推流地址(rtmp 地址)、密钥或推流码,复制到直播软件中即可开始视频推流直播。这种直播方式能够满足用户对画面高清、场景变换、多屏互动的需求。

(二) 图像算法的升级

除了直播技术的更新迭代外,直播画面的不断完善也让越来越多的用户敢于在镜头前展示自己、展示生活、展示技能。其中,最能够消除人们对展示自我恐惧的便是日益完善的美颜技术、滤镜功能及丰富的动态道具。

美颜,即对图片或视频中的人脸进行美化。当下几乎每一个图片、短视频、直播类 App 中都加入了美颜技术。美颜是一门涉及深度学习、图像处理、图形学等内容的技术。机器学习能够在一定程度上智能化地实现人脸检测、人脸关键点定位、瘦脸、磨皮、美白等功能。美颜功能使得身体形象的视觉生产超越了单纯的对象捕捉和现实还原,用户由此能够获得自己想要呈现在媒体平台中的理想形象。美颜不仅引领和诠释着一种关于身体的美学主张,还影响和重塑了人们的社会交往方式和生活方式。[①] 于是,在直播视频中,用户越来越习惯于通过美颜功能来修饰自己的身体形象,以至于我们看到的影像都是在算法技术包装下被优化的精致五官、光滑肌肤、傲人身材。

滤镜功能能够弥补用户所处环境光线过曝或过暗、场景色调单一、影像呈现缺乏色彩饱和度等缺陷。当下各类视频直播软件都为用户提供了丰富的滤镜色调以供选择,从人像滤镜、美食滤镜到风景滤镜,再到个性化滤镜,帮助用户调整画面效果与质感,使画面达到理想化的亮度、对比度、饱和度、色调、灰度和画面质感。

---

① 刘丹凌. 形象的焦虑:数字美颜、自我物化与后人类剧目 [J]. 西北师大学报(社会科学版), 2019, 56 (4): 48-55.

图 3-2 抖音短视频 App 中的特效道具

特效道具功能能够帮助主播在直播过程中添加道具特效,更大程度地改变人物原样貌。以抖音短视频 App "道具"一栏中设置的特效(图 3-2)为例,其中就包括了"氛围""美妆""新奇""变形""场景""扮演""头饰""游戏""测一测""特效师"等栏目。若主播添加"小熊""猫咪""小黄狗"等道具,就能够塑造其可爱的形象。该功能也可为素颜主播添加特殊妆效,让主播无须化妆就拥有妆效滤镜。而"测一测""游戏"类特效在一定程度上为主播提供了互动功能,主播不一定需要有过人才艺,只需与直播平台的道具进行互动就同样可以为直播增添乐趣。

二、入行门槛的降低

据统计,截至 2020 年 3 月,我国直播用户再创新高,达 5.6 亿人,换言之,我国超 6 成的网民为直播用户。① 这也造就了当下庞大的直播市场与蓬勃发展的直播产业链。

目前国内有直播平台近 200 个,从事网红相关业务的企业有千余家,网络视频主播超 50 万人。事实上,在人人都能开启直播的时代,直播入门的主动权也掌握在平台用户手中。然而,每个人虽然都有入场券,但想要真正在直播过程中收获流量与收益则需要付出更多的努力。网络视频主播除了要不断提升自身素养外,还需要视频直播平台的助力,才能拥有更大的提升空间。

当然,入行门槛的降低也伴随着网络视频主播的职业化。当前的网络

---

① 2020 年中国直播行业分析报告:产业供需现状与发展前景研究[EB/OL].(2021-01-11)[2021-04-27]. http://baogao.chinabaogao.com/wangluomeiti/436757436757.html.

视频主播群体身份各异，有明星、网红，也有医生、教师。而随着网络视频带货主播的走红，人社部联合国家市场监管总局、国家统计局发布了"互联网营销师"这一新职业，其下增设的"直播销售员"，使人们熟知的"电商主播""带货网红"有了正式的职业称谓。网络视频主播职业化也将在未来成为趋势。

三、社交属性的加持

一个网络视频主播的出现也伴随着文化的扩散与勾连效应。网络视频直播便捷的参与方式及情绪的迅速释放形成了全民参与的入口效应，无延时的互动形成了粉丝参与直播的高度融合感。[①] 网络视频直播成了一种新型媒介，能够传播信息资讯，连接屏幕内外的主播与用户，从而实现个体与群体的连接、私域与公域的连接、生产与消费的连接。

这种连接在一定程度上也与直播作为一种更直观、互动性更强的社交方式有关。移动直播强调实时沟通和互动，具有更强的社交属性。因此，社交平台对于视频直播的布局也逐渐完善。例如，国外社交巨头Facebook（脸书）向全体用户开放了直播功能，Twitter（推特）也收购了流媒体直播应用Periscope；国内的腾讯视频号直播整合了微信端的用户资源，抖音直播更是推出了"连麦电话"功能，推动用户在直播互动中交友，形成了"直播人际圈"。可以看出，直播已经成为社交平台的标配功能。

网络视频直播能够在一定意义上强化已经形成的社交关系。比如，当用户关注的网络视频主播开始直播时，用户便会收到推送消息和置顶消息的通知，主播的头像也会显示为直播状态。这就意味着，这种社群式运营可以直接把内容推送给用户，提前积累直播间的热度，也为在直播间开展新的社交奠定了基础。

四、直播市场的下沉

有数据显示，当前，国内一二线城市直播市场趋于饱和，而三四线城

---

① 王春枝. 参与式文化的狂欢：网络直播热潮透析 [J]. 电视研究，2017（1）：83-85.

市直播市场仍具有广阔的发展空间。市场下沉,利用三四线城市人群的长尾效应进一步获取人口红利成为直播行业突破瓶颈的关键。① 其中,乡村直播文化的兴起与小众文化直播内容破圈是新的发展趋势。

(一)乡村直播文化兴起

随着乡村居民人人有手机、人人会上网时代的到来,"直播+农业""直播+乡村"等根植于乡土背景的乡村直播文化应运而生(图 3-3)。新潮的"网络视频直播文化"实现了乡村的深度赋能,构建了具有猎奇意味的内容场景,也催生了以农民或农民组织为主体的直播群体。他们把手机作为新农具,把直播当成新农活,以田间地头为直播场景,以绿色生态作为直播亮点,推销农产品、展示乡村文化、售卖山货鱼鲜,让网友感受到了不一样的风土人情。这些特殊的直播风格和视频内容也为平台方带来了可观的流量和盈利,为村民们开辟出了一条乡村振兴的创新路径。

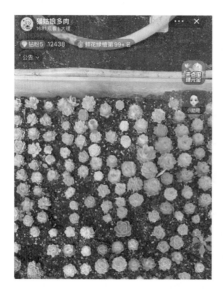 

图 3-3 乡村土味直播

---

① 艾媒咨询. 在线直播行业:用户规模将破 5 亿,下半场竞争将聚焦下沉市场[EB/OL]. (2019-12-10)[2021-04-27]. https://baijiahao.baidu.com/s?id=1651160325228687195&wfr=spider&for=pc.

网络视频直播让乡村主播转变为社会关注的焦点、乡村的"代言人",这对于他们来说是自我展示的良好契机和平台,也让他们足不出户就能够加强与更多非本村网友的交流和互动,在这种交互中进行信息的交换,改变其原先形成的一些较为落后的传统观念和习俗,转变个人思维,吸纳更多的外来文化潮流,也对自身所处的乡村文化有更深入的理解,并将这些融合性的文化进一步向外界输出。而田间地头、渔船码头的直播间场景,还原了质朴无华的田园生活,也为网友打开了一扇认识乡村的窗口,使他们体验到了无法亲临的生活情境。

随着"直播+乡村"模式蔚然成风,网络视频直播成了乡村新型社交、娱乐、创业增收的方式,这也成为乡村振兴和繁荣的一种新的助力。

(二)受众群体垂直细分

除了乡村直播文化的兴起外,对小众直播内容的包容也使得受众群体得以进一步垂直细分。越来越多像手工制作、动植物观察等小众直播内容入驻直播平台(图3-4)。这些网络视频主播在个人动态影像的呈现过程中

图3-4 各类小众直播内容

实现自我解放和自我表达，以及对于自我身份的想象、建构与认同，同时也通过直播这种无剪辑的全记录方式进行可视化的文化生产，为不同内容需求的用户提供定制化的直播内容。

不同种类的直播内容有其不同的直播目的和文化意蕴，这也使得收看直播的用户层次多样、年龄广泛、兴趣迥异，从而在交流互动中不断推动新的文化内容的生产，革新文化存在的方式，用直播影像作为文化传播的载体，孕育出符合时代特点和用户需求的流行文化，更提升了文化的精神价值，以 UGC（User Generated Content，用户生成内容，即用户原创内容）拉动全民加入这场易学易做的影像文化盛宴之中。

第二节 社交互动性

网络视频直播作为一种新兴媒介交往形态，其中的视频综合系统符号、现实世界、视频发布者与用户组成了一个以视频为媒介的交往场域。在这个交往场域下人们通过信息交往、消费交往、情感交往及各种互动行为的不断叠加，展现出具有社交互动性的传播特征。本节将就社交互动性所体现出的较为明显的几种类型——陪伴型、社群型、粉丝型、定位型进行介绍。不同的社交模式也体现了网络视频主播不同的互动形式与现实意义。

一、陪伴型社交

如今，在快节奏的都市生活中，许多用户在观看网络视频直播时会更愿意选择陪伴式观看。这种方式有时仅仅是主播一边干自己手上的事一边直播，在潜移默化中与用户建立了一种良好的陪伴式社交体验。这一类直播社交方式主要体现在聊天类直播与慢直播中。

在聊天类直播中，主播所播内容大部分是陪聊直播节目或是陪伴式慢直播节目。在陪聊直播节目中，用户可以进入直播间与主播聊天互动，分享生活，共享情绪，也可以围观直播间与主播连麦聊天（图3-5）。在陪伴式慢直播节目中，有时主播并不会露面或发出声音，主播与用户仅仅是简单的相互陪伴。比如，用户陪伴主播一同画画、写作业、看书、做手工，在漫长的几个小时里一起完成一件特定的事情，产生一同打卡的成就感。

不同于只能带给用户短暂在场快感的普通视频类型，"慢直播"为用户提供了更为开放的在场体验选择。在这个24小时不关闭的空间中，用户能享有愈发真实而独特的参与感。

图 3-5　连麦类直播互动

"央视频"中的慢直播内容，主要为各地山水风光、建筑景观等固定机位拍摄的全景现场直播画面，如"'小蛮腰'的日与夜""曲江——流觞曲水　碧波荡漾""一城山色半城湖：济南大明湖"等。以"与疫情赛跑——近景直击武汉雷神山医院建设最前线"（图 3-6）为例，雷神山医院的建设作为防控疫情的核心举措之一，医院建设情况在某种程度上也成为抗疫进度和舆论聚焦的集合点。依托 5G 传输技术，"慢直播"这一视频形式就为"网上监工们"提供了远程虚拟在场的可能性，其全时的、相对完整的直播画面也建构了疫情防控场景中"世界在观看"的盛况。除了传递信息、满足用户视觉美感需求之外，最重要的是"慢直播"提供了陪伴式社交，进而为远程在场的百万"监工"营造了想象的共同体。这时，视频对于人们而言不再只是一种观看媒介，更多地成了背景。人们沉浸其中，并营造出了一个全新的舆论话语空间，延伸了客观世界中的议事空间。原本物质化的塔吊、挖掘机等重型设备被网友亲切称呼为"小蓝""小黄"，用户们有的在评论区"叫卖早餐"，有的进行成语接龙等游戏，这不仅催

图 3-6　"与疫情赛跑——近景直击武汉雷神山医院建设最前线"慢直播界面

生了独特的梗文化，还留下人性化、数字化、具象化的社会记忆。人类的真情实感在人机共生的环境中不断与技术进行价值整合，因此，实现思维与情感的迁移、文化与技术的碰撞，或将成为未来消融虚拟与现实边界需要不断努力的方向。与此同时，评论区成了用户们的"共鸣场"和"约会地"。独特的参与文化也在这一特殊时期缓解了用户焦虑、恐慌的情绪。这种"广场式"的强在场感建构起了公共场域中用户全新的身份感，实体空间与虚拟空间也逐渐呈现出渗透、互嵌关系。

正如斯科特·麦奎尔教授所认为的，数字媒介成了现代城市"空间制造"实践和战略的重要发展方向，媒介技术、具身行动和城市地理元素的融合创造了公共空间的全新体验[1]。这种体验使得人们能够借助移动终端作为获取赛博空间身份的钥匙，通过切换页面，实现在赛博空间中行走观景。

以"武汉赏樱"慢直播画面（图 3-7）为例，人们能够通过点击切换行为快速实现移步换景，选择观赏武大樱顶学生会顶楼、马院顶楼、鲲鹏广场、樱花大道等多路视角的网红赏樱景点。在这一过程中，人们可以发挥自

---

[1]　斯科特·麦奎尔. 地理媒介：网络化城市与公共空间的未来[EB/OL].（2019-07-09）[2021-04-27].https://www.sohu.com/a/325793704_706747.

己的主观能动性选择在场方式与观看方式（单屏观看或多屏同看）。新的数字技术带来了新的城市化体验。"慢直播"所设置的固定机位也由此成为用户的"眼睛"。

图 3-7　"武汉赏樱"慢直播画面

二、社群型社交

郭庆光在《传播学教程》中认为："人际传播是个人与个人之间的信息传播活动，也是由两个个体系统相互连接组成的新的信息传播系统。"① 这种两个个体间的信息交流活动是最常见、最自然也是最根本的社会生活形态。而社群（组织传播）作为组织中人际传播的交流情境，包括两极传播关系及小组、团队中的人际传播②。其良好运营离不开人际传播的效力。

---

①　方瑶瑶. 关于社交媒体营销的人际传播研究：以微信为例 [J]. 新闻研究导刊, 2016, 7 (15)：309-310, 365, 296.
②　黄孝俊. 组织传播的研究模式及思考 [J]. 浙江大学学报（人文社会科学版）, 2001, 31 (5)：112-117.

我们不得不提及基于社交类平台的直播互动，如微信视频号直播、小程序直播、YY 直播等衍生出的社群型直播社交文化。作为依托微信这一用户基数巨大的平台的新媒介，微信视频号和小程序相比于其他直播类 App 而言，无须下载和安装，且能够实现直接在微信上分享与传播。抓住微信平台上的人际传播所形成的社群，通过对私域用户的引导，在分享与传播中扩大社群规模，并通过有效的社群管理与运营，在消费共鸣中发掘群体化商机、打造社群经济。例如，一位线上经营者就能够通过自己所积累的线上社群资源，引来社群用户观看视频号直播，并在小程序商城完成购物，实现赢利。

社群化运营的构成要素包括运营主体、参与客体、功能设计和赢利模式等。参与客体的群体活跃度和参与互动度对于社群运营的质量和效果有直接作用和影响。[1] 在社群构建日益便利与成熟的信息时代，以视频号直播这一新型直播形式搭建社群，对维系社群活跃度和催生新的社会群体起到一定的促进作用。基于同平台的社群运营与管理、内容分享与传播，既强化了个体互动，也聚合了社会关系。

除了基于社群平台的网络视频直播模式外，还有以兴趣社群作为划分依据的互动模式，如游戏类直播、美妆类直播、音乐类直播、电竞类直播等。以游戏类直播为例，在这类直播中，用户常常会以第一视角参与游戏并获得直播性游戏体验。这种"看游戏"的娱乐方式，从视觉上满足了用户超现实的游戏性需求。游戏主播详细的游戏教学过程、风趣幽默的环节讲解，也让用户在直播间观摩游戏的同时，享受到旁观游戏的别样快乐，学习到相关的游戏技能。而直播间评论区的用户也都是这一社群中同样热爱游戏的玩家，因此，许多关于游戏的交流、共同话题的探讨等互动方式也在一定程度上给予了用户自己玩游戏时无法获得的情感体验。

三、粉丝型社交

谈及网络视频主播，不能回避的另一大群体便是"粉丝"。网络视频

---

[1] 祁婉君. 大河网 App "眼遇"的社群化运营研究 [D]. 郑州：河南工业大学，2017.

主播通过在直播平台的直播行为收获庞大的粉丝群,依靠粉丝的消费认同获得可观的经济利益,并由此开发出一系列商业活动。而粉丝在这种互动中实现了自我赋权,将情感依赖转化为消费行为,这种消费行为表达其认同感,最终形成有共同话题的粉丝群体。

在这类以粉丝型社交为主导的直播间内,主播往往具有流量话题或个人风格较强。主播和粉丝之间一般通过弹幕进行互动,而"打赏"也是主播满足用户要求的重要一环。通过打赏这一行为,用户能够快速地引起主播的关注,拉近与主播的距离,实现情感表达与自我赋权。

在这类社交互动模式中,"话题"往往是激活互动的助推剂。带着符合直播间定位的讨论话题开启直播,通常能够在一定程度上使直播内容具有层次感、引爆粉丝热情。因为"话题"是能够将群体聚集在一起的符号,也是连接粉丝的纽带。找到具有个性爆点与社会热度的话题是提高粉丝活跃度、参与度和转化率的重要手段。

四、定位型社交

定位型社交往往是地缘类社交。用户会通过直播平台观看同城直播或"附近的人"直播,通过地理定位获取附近的直播间。观看这类直播间的人数一般不多,但是对于用户来说,这类直播间的主播是他们更能够接近并发展成线下好友的对象。

约书亚·梅洛维茨指出,电子媒介打破基于地域的人际交往,信息交流系统的重组使基于地域的沟通就此消失。[1] 如今各种具备定位功能的新兴媒介使人际交往嵌入地方感。由定位媒介带来的社交联系加强了地域间沟通。网络视频主播也会在直播间通过附带定位,增加直播间流量,建构定位媒介仪式,进而召唤和吸引用户构建集体记忆和文化认同感。[2] 这些直播间所体现出的地缘文化是地缘式社会交往关系的价值意义之一。由于

---

[1] 李淼. 空间、地点与定位媒介:移动新媒介实践中的城市空间再造 [J]. 西部学刊, 2018 (8):19-21.

[2] 曾一果,朱赫. 记忆、询唤和文化认同:论传统文化类电视节目的"媒介仪式" [J]. 现代传播, 2019, 41 (3):92-98.

地缘文化包含物质文化、精神文化、政治文化及制度文化，因此，直播间中相近的口音、饮食习惯、价值标准、文化理念等都会成为互动讨论的话题，激活主体的空间认同感与地方感。

同时，基于位置感知技术的直播实践不仅为城市记忆提供了更为丰富的影像支撑，而且为建构多样的城市文化提供了可能。例如，在某城市文化古迹开展的直播、在某美食店铺内开展的直播都是个体阅读城市空间的记录。通过这类直播间，主播及用户都在对城市地点进行标记、注释和书写，使具有个性化的城市记忆得以保存和传播。多种对于这座城市的情感在不同直播间流转，表达出主播及用户对城市空间的情感、记忆与认知。可以说，这种社交互动模式"补充了宏大官方城市历史的单一性，为城市空间的记忆增添私人性，使个体以特殊的方式、在特殊的地点构建自己的身份感与地方感"[1]。

第三节　影像符号性

我国符号学学者李思屈指出：符号是社会人文传播的基础，传播的整个过程其实就是符号的意义在进行生产和相互交换。[2] 符号是人与人之间交流思想情感的载体。在直播过程中，网络视频主播的语言、行为以及形象被标注以个性化的符号。他们用这些个性化的符号编码个人风格与思想情感，并与粉丝群体展开符号互动，在这个过程中沟通与交流，达成共识或产生分歧。因此，网络视频主播的直播过程也是一个符号互动的过程，因而网络视频主播具有影像符号性的特征。研究网络视频直播过程中主播的直播符号生产、社会意义交换与信息流动方式对我们进一步了解网络视频直播内在逻辑有一定帮助。当我们谈论这些直播影像的符号性时，不得不指出的便是在影像背后网络视频主播"被凝视""被消费""被隐性剥

---

[1] 李淼. 空间、地点与定位媒介：移动新媒介实践中的城市空间再造 [J]. 西部学刊，2018（8）：19-21.

[2] 李思屈. 当代传播符号学发展的三种趋势 [J]. 国际新闻界，2013，35（6）：24-31.

削"的现象。

一、被凝视的女性主播

艾媒咨询发布的《2018—2019中国在线直播行业研究报告》显示，在直播用户方面，如在花椒直播中，男性直播用户占比70.43%，女性直播用户占比29.57%。① 多项研究报告都指出，目前男性直播用户仍是直播观看者中的大多数。当前男性用户在观看直播时偏爱女主播是一种普遍的社会文化现象。这种男性凝视指的是用户把女性置于被观看、被消费、被凝视的现实下，在观看直播的过程中通过凝视，满足自己窥私的感官需求，在弹幕互动或是礼物打赏时"操纵"主播。

许多大数据调查也显示，不论哪个平台、哪种类型的直播，女主播的占比都大于男主播。例如，由于男性青年群体是游戏视频主播的主要受众，因此，电竞游戏主播大多为女主播，观看者对这些女主播外在条件、言行举止②的关注甚于对她们游戏技术的要求；在泛娱乐直播平台中，由于大部分直播间属于颜值类聊天室、才艺展示秀，因此，其主播也大部分为女性。有学者抽取了这一类直播平台中50个具有代表性的网红女主播作为样本，发现在年龄上，她们大多为18~25岁的年轻女性；在服饰上，她们多着暖色调服装，穿搭风格以温和柔美为主，形象性感的女性占到48%；在气质上，她们普遍呈现出包含温柔、顺从、热情、亲切等在内的女性气质。总体而言，泛娱乐直播平台中的女主播大多会在直播中刻意塑造自己的外貌与身材，存在固化、模式化现象。③ 而这一类形象正是受到男性用户普遍喜爱与欢迎的女性形象。"在福柯看来，观看者可以通过'凝视'来建构自身的主体身份，而被观看者的行为和心理就会在被'凝视'的过程中受到'规训'，会被动地接受和内化观

---

① 艾媒咨询.2018—2019中国在线直播行业研究报告[EB/OL].(2019-01-23)[2021-04-27].https://www.iimedia.cn/c400/63478.html.
② 周怡.身体的规训与消费：网络直播下女性形象的异化[J].新余学院学报，2020，25(1)：83-87.
③ 秦洋洋.消解与重塑：泛娱乐直播平台中女性主播的形象解读[J].绵阳师范学院学报，2018，37(12)：47-54.

看者的价值判断。处于男权文化体系中的女性就是这'全景敞式监狱'里被凝视的囚禁者,而男性则是高高在上、掌控一切的凝视者。"① 以男性为主导的视觉文化将男性与女性分别置于"看"与"被看"的地位,网络视频直播也把女主播塑造成了"男性凝视的对象""男性幻想、规训的目标"。

  虽然网络视频女主播也在一定程度上强调和阐释了自己作为女性"独立意识"的觉醒,显示出在时代发展下女性思想解放和话语权的获得,但实际上女主播在直播文化中仍难逃被凝视、被规训、被消费的命运,对女性形象的建构和呈现依然真实地反映出根深蒂固的传统性别秩序。② 在当代以自我为中心的消费文化中,身体被看作一种可以被塑造并用于满足个体欲望的形式,成为日常生活和事业规划中的一部分。③ 为吸引流量,女主播大多会被动地选择能够取悦大部分男性用户的衣着与妆容,从身体上建构出年轻、温柔、甜美的自我形象,以满足用户的视觉愉悦。在这一过程中,作为符号的网络视频主播在"被观看"的同时,也产生自我价值,并在接下来与用户的弹幕互动、点赞送礼中体现出来。因此,在分析完网络视频主播的外形塑造和风格定义后,我们接下来要讨论的便是符号互动与"被消费的身体展演"。

---

  ① 吴颖."看"与"被看"的女性:论影视凝视的性别意识及女性主义表达的困境 [J]. 浙江社会科学,2012(5):145-148.
  ② 季夫萍,李艳华.身份建构:人格、欲望、物化:网络直播中女性形象的媒介表达 [J]. 电影评介,2017(20):84-86.
  ③ 王婷,刘乾阳.网络视频直播空间中青年女性的自我建构与身份认同 [J]. 当代青年研究,2019(4):97-103.

二、被消费的身体展演

（一）网络视频直播中的身体展演

在消费主义的作用下，"身体"成了高度可见的日常管理对象。作为一种符号沟通系统，"身体"是互动过程中的表征形式。通过身体实践，网络视频主播得以主动开展其自我展现与自我表演。在身体展演的过程中，其体现出的是主播个人的社会背景、思维方式、文化观念和媒介影响，因此，分析网络视频主播在直播过程中进行的身体展演行为、动因与结果对揭开网络视频直播文化底色具有重要意义。

国外学者戈夫曼在《日常生活中的自我呈现》中提出了拟剧理论，认为"社会是一个剧院，人在日常生活中的自我呈现实际上是一种角色表演，其中的'呈现'行为并不是一种客观存在，而是一种带有主动性的展现或表演"[①]。网络视频直播平台便为网络视频主播提供了一个公共领域下的新舞台。在这个舞台上他们能够通过"表演"进行自我呈现与自我建构。由于面对的直播用户大多为陌生人，这就为这些主播塑造理想的自我形象提供了较大的自由度。内容创作者能够根据自我意识来对自我形象进行修饰，以及对自我形象进行有效管理。他们在展演时，通常会对自己真实的身份、情感与态度进行修饰和加工，以满足自我的表演欲望，塑造主播的"前台"身份。而身体作为维持日常互动、身份角色、社会关系及自我认同的重要基础[②]，在展演的过程中同样传递承载其中的各种符号价值。这种符号价值能够反映一位网络视频主播自身的社会系统及其文化意义，传递其想要塑造的某种人物形象与性格，表明其视频物理在场、身份角色、权威地位等。

当然，一个无法忽略的现象便是网络视频主播在前台的"人设"，以及这种"人设"与后台真实自我之间的矛盾。人设，即"人物设定"，是

---

① Erving Goffman. The presentation of self in everyday life[M]. New York: Anchor Books. 1959: 1.

② 王晴锋. 身体的展演、管理与互动秩序：论欧文·戈夫曼的身体观[J]. 西华大学学报（哲学社会科学版），2019，38（4）：35-42.

网络视频主播对自身网络形象的建构与设定。这种"人设"具有极强的目的性，富含网感，是更吸引眼球的完美化、夸张化的自我，迎合了大众审美。不同场景需要不同的"人设"，因此，"人设"往往是带有表演性质的，是一种"表演出来的自我"。这种自我与后台真实的自我相比，缺少了烟火气，也看似更加完美。在资本追求流量和利益的驱使下，部分主播选择了奇观化的身体表演策略，通过刻意扮丑、反串、阴阳怪气等形式来博取用户眼球。这类主播往往会刻意表演放大化的情绪，打造特色鲜明的形象。

可以说，网络视频直播中的身体展演为主播自身形象做了"加法"，塑造了主播在公共领域下的理想化形象。在这个虚拟世界的新"舞台"上，网络视频主播能够成为生活的掌控者，通过社交媒体中的自我展演去展示个性、表达意见、获取认同。

（二）"被消费"的网络视频主播

网络视频主播进行身体表演，除了希望在被凝视时获得"高度关注"与"赞美"外，还有一个重要动机便是使直播内容变现，即用户购买行为的产生。在观看直播时，用户能够通过购买主播带货产品、刷礼物等消费行为的象征意义来获得自我与他人的身份认同。

网络视频直播带来了去中介化的新型身体消费模式，网络视频主播也开始成为商业化的消费符号。让·鲍德里亚提出，物的效用功能并非真基于自身的有用性，而是某种特定社会符号编码的结果。[①] 网络视频主播的虚拟身体在被媒介编码后成了可供消费的身体景观。为获得与主播的情感互动和话语交流，用户会通过刷礼物的方式吸引主播的注意，利用网络视频直播实现对主播的凝视，达成与美好形象的对话，实现与网络视频主播之间去中介化的连接。在这一过程中，消费者瞄准的早已不是物，而是价值。需求的满足首先具有附着这些价值的意义。[②]

消费不仅是人们用来满足基本生存需要的功能性活动，而且成了表达

---

① 让·鲍德里亚. 符号政治经济学批判 [M]. 夏莹，译. 南京：南京大学出版社，2015：2.
② 让·鲍德里亚. 消费社会 [M]. 4版. 刘成富，全志刚，译. 南京：南京大学出版社，2014：7.

和实践某种趣味、格调、信念、价值的文化活动。[1] 因此，网络视频主播在直播中不仅是简单的身体展演，而且是与用户形成情感认同和价值认可的过程。随着人们生活水平的提高与日常消费观念的转变，消费者看中的已不仅仅是产品本身，还有购买产品这一行为的意义、产品背后的文化价值及网络视频主播形象赋予产品的附加价值。这就要说到直播过程中"信任感"建立的重要性了。

事实上，直播的本质也就是在人与人之间建立信任感。有了信任感，才有消费行为。这种信任感体现在主播的粉丝关注度、直播间热度、直播内容设计、个人风格定位、直播间互动情况、用户对其评价等方面。因此，我们不得不深入分析用户购买主播带货产品的电商直播。如带货直播网红李佳琦之所以能够一度获评"带货界一哥"的称号，一个重要的原因便是李佳琦可以快速获得屏幕前女生们的信任。极具个人风格的直播话语表达，较为完善的质检、选品与售后服务，直播现场物美价廉的商品都能够唤起用户强烈的购物欲。

可以说，自2020年以来，新冠肺炎疫情对实体行业的冲击加速了"电商直播"破圈发展，直播带货作为无接触销售模式也就展现了其巨大的市场价值和社会效应。足不出户的可视化购物体验和极具诱惑力的销售策略吸引了越来越多的消费者加入直播购物大军中。根据中国互联网络信息中心发布的第46次《中国互联网络发展状况统计报告》显示，截至2020年6月，我国电商直播用户规模达3.09亿人，占国民整体的32.9%。社交电商、直播电商成了网络消费增长的新动能。[2]

直播带货，即通过传统电商平台、短视频平台、社交平台等渠道，"使用直播技术进行近距离商品展示、咨询答复、导购的新型服务方式"[3]，是电子商务进化的新阶段[4]，是实现数据化驱动、商业化变现、个性化满

---

[1] 王宁. 社会转型时期的消费与消费者[G]//李强. 中国社会变迁30年. 北京：社会科学文献出版社，2008：230.

[2] 中国互联网络信息中心. 第46次《中国互联网络发展状况统计报告》[EB/OL].(2020-09-29)[2021-04-27]. http://www.cac.gov.cn/2020-09/29/c_1602939918747816.htm.

[3] 齐志明. 直播带货不能"带祸"[N]. 人民日报. 2019-11-27 (19).

[4] 郭全中. 中国直播电商的发展动因、现状与趋势[J]. 新闻与写作，2020 (8)：84-91.

足、欣赏性消费的数字化营销方式①，也构筑了"渠道场景、用户流量和消费数据"②的传播场。学者肖珺认为，主播是直播带货模式的核心节点，是商品与消费者的连接点；他们中有网络红人、企业创始人、高层管理者、政府官员，还有专业媒体主持人，虽然身份、功能和符号意义不同，但他们都有一个共同点——自带"资源"，包括商业资源、粉丝资源、渠道资源、包装资源等，通过情感互动、内容"种草"和秒杀机制，使得消费者在长时间的信息轰炸和劝服策略中将注意力转化成购买力。从"谢谢你为湖北拼单"到"下单陕送"为陕西、湖北带货，再到"搭把手 拉一把"带货直播力挺湖北，在新冠肺炎疫情期间这类直播在选品上往往都有既定主题，这也为主播在内容组织上确定了一个大前提。某一产品借由主播的叙述被赋予特殊意义后，才开始有了即刻就会被一抢而空的产品价值，"某某主播同款""某直播推荐"等标签也就成了"货"之外的附加价值。在消费占主导的社会，对物的消费转向对形象（景观）或者说媒介影像群乃至纯粹符号的消费。③这些网络视频主播作为带货主体，其身体、个人身份、伴随身体的语言表达和个人风格都成了经由媒介编码后可供消费的符号景观。

三、被隐性剥削的平台劳工

随着新媒体时代的到来，媒介环境及受众形态的变化催生了劳动形式及新的劳动经济模式。④亨利·詹金斯认为，新媒介的发展给受众参与创造媒介内容提供了便利的渠道，受众通过浏览网页、表达观点及社会交往等方式参与到媒介内容的改造或者创造中，形成以受众本身为核心的新传播模式。从斯麦兹提出的"受众商品论"来看，他认为媒介出售给广告商的并非是其生产的内容，而是作为信息接收方的受众，受众成为媒介获取

---

① 张志安. 直播带货中的传播学启示 [J]. 新闻与写作, 2020 (9): 1.
② 肖珺, 郭苏南. 算法情感：直播带货中的情绪传播 [J]. 新闻与写作, 2020 (9): 5-12.
③ 刘扬. 媒介·景观·社会 [M]. 重庆：重庆大学出版社, 2010: 6.
④ 汪金汉. "劳动"如何成为传播?：从"受众商品"到"数字劳工"的范式转变与理论逻辑 [J]. 新闻界, 2018 (10): 56-64.

经济利益的主要卖点。因此，平台资本通过占有用户使用平台的娱乐时间，剥削用户内容生产过程中所创造的经济价值，并且将后台数据出售给广告商来获取经济效益。于是，这部分用户便在不知不觉间成为平台创收的免费劳工。

回到直播市场，一方面，在商业逻辑下，平台资本主义不断推动这些入驻平台的网络视频主播们走向异化。在身体的商品化和窥视的合法化下，网络视频主播们并没有真正地掌握身体的自主权，看似自由的身体和多样化的身体表演也被幕后的平台资本套上了镣铐。在直播表演中，主播的直播行为不再是单纯的个人劳动，对用户的影响力也会被换算成提供给平台资本的数据。这些数据就像是网络视频主播们在这场直播考试中的实时"成绩单"，影响网络视频主播的实际价值。为了让自己的流量数据更有价值，网络视频主播们只有更加努力地迎合资本和广大网民，投入更多的劳动，以产生更多价值。[①] 他们在创造生产内容和劳动时间的付出中不断实现自己的劳动价值。

另外，为了始终保持在用户面前塑造的"前台"形象，追求所谓的"人设"，网络视频主播们就会选择隐藏真实的本我来迎合大众审美，这就意味着"前台"身份的"不可逆"。例如，抖音短视频 App 中的网红"我是好平静"，在平台中树立的一直是素颜、穿着睡衣、发型凌乱、不修边幅的形象，当她以精致的妆容出现在《无限偶像》的选秀节目上时，大部分网友反而不买单了，直言看的就是她穿着睡衣的搞笑感与反差感。博主"郭老师"一度也因为其搞笑的说话方式、土味的穿衣打扮成为全网效仿的对象，她的个人风格也被网友戏称为"郭言郭语"。而当她开启个人直播时，虽然看似一时兴起的言语与行为，但很多仍是经过提前设计、有意为之的，是她需要经营和维护的"人设"。因此，当主播所追求的"前台"身份与她的真实自我相差较大时，他们就可能需要维持"人设扮演"，而这种持续的表演也会在一定程度上使主播异化，使其成为"人设"的奴

---

① 张小强，李双. 网红直播带货：身体、消费与媒介关系在技术平台的多维度重构 [J]. 新闻与写作，2020（6）：54-60.

役，最终对真实自我产生认知迷失。

因此，我们在感叹直播带来的商业红利时，也应警惕其成为一场资本游戏的陷阱。网络视频主播在参与网络视频直播的同时也应保持清醒，保持真实的自我，切忌为追求"人设"而一味地钻牛角尖。当然，我们也期待平台方能够为网络视频主播们提供更多的激励机制，丰富网络视频主播们的精神世界，促进直播环境良性发展，实现直播生态中"人"的自由解放与全面发展。

第四章
网络视频主播的基本素养

网络视频直播行业在短时间内得到快速发展。中国互联网络信息中心发布的第 46 次《中国互联网络发展状况统计报告》显示，截至 2020 年 6 月，我国网络视频直播用户已达到 5.62 亿人，与往年一样保持着高速增长。网络视频直播具有操作简单、传播力效度大等优势，因而令网络视频主播的数量在近几年持续飙升。但也正因为成为一名网络视频主播的职业门槛不高，网络视频主播存在专业素养不足的问题。加之目前既缺少相关政策的严格监管，也没有直播行业管理规范的严格约束，导致我国网络视频直播平台出现了直播视频内容分散化、低俗化的混乱式快速增长现象，这对我国网络视频直播行业发展造成了不小的负面影响。因此，网络视频主播应具备一定的职业素养，包括法律素养、媒介素养、服务受众素养、道德文化素养等。

第一节　法律素养

一、树立良好的公民意识

网络视频主播拥有一个不变的身份——中华人民共和国公民。因此，树立公民意识是每一个公民不可逃避的责任。随着整个国家经济体制的不断深化改革和发展，我国城乡居民的生活水平稳步提高，国家更为重视公民意识的培养，并将政治意识的树立放在了重要的位置。

在网络视频直播平台中，网络视频主播自身的政治情感会影响平台用户的政治意识形态。由于网络空间具有自由传播属性，网络视频主播群体自身的网络政治思想意识必然具备不可控性、分散性等基本特点。在"后真相"时代，政治情感是网络政治意识形态传播的根本动力，政治信念是网络政治意识形态传播的基本动力，政治道德与政治正确则是网络政治意识形态传播的底线根基。① 公民网络政治意识的树立与网络视频主播的公民意识树立和网络视频主播自身的主流价值观塑造密不可分。

因此，网络视频主播应树立良好的政治意识，将国家利益和社会利益置于个人利益之上，努力传播和弘扬社会主义核心价值观，从而实现网络空间自由与社会责任的统一。

二、遵守法律法规

网络视频直播行业作为网络文化的新兴产物，具有收益高、传播广和门槛低的特性，因而这个行业也衍生出一定的法律风险。当前网络视频直播行业监管体制尚不健全、规范欠佳、惩罚力度没有法律授权，因此网络视频主播很容易为了迎合部分用户喜好而博眼球、引流量，再加上自身缺乏法律意识，图一时嘴快而被"封杀"，甚至受到法律的制裁。传播低俗文化、负能量，甚至利用网络视频直播平台进行违法犯罪行为，会对社会造成严重危害。网络视频主播应恪守公民的基本职责，遵纪守法，坚守法律底线。这对于维护健康的网络视频直播环境至关重要。但一些网络视频主播自身的法律意识淡薄，在自身未具备足够技能和优势去吸引眼球的时候，不惜用一些违法的手段来寻求更高的关注度。这不仅是人性的泯灭，也是对法律的漠视与挑战。网络视频直播行业中屡次被曝出负面事件，导致这一行业受到的非议不断。为了维护行业健康发展，网络视频主播提升自身法律素养刻不容缓。

（一）严禁直播内容涉及毒品、色情、暴力犯罪

网络视频主播的主要收入来源一般就是一些签约主播费和用户主动送出的"礼物"。网络视频直播平台为了有效提高主播的人气，保障主播的收益，往往在平台内容监管方面选择"睁一只眼闭一只眼"。在如此宽松的网络视频直播大环境中，部分网络视频主播还会用大胆的直播言辞、暴露的直播服装和低俗的直播内容来与用户进行亲密互动，以达到"吸粉"

---

① 张爱军，秦小琪. 网络政治意识形态传播的动力、特性及其规制 [J]. 湘潭大学学报（哲学社会科学版），2019，43（1）：161–166，196.

的目的，这些不当的行为很有可能给涉世未深的青少年带来极恶劣的影响。

（二）严禁侵犯他人隐私权和肖像权

自媒体时代，拿起日常生活中最常见的手机就可以随时随地地进行网络视频直播。网络视频直播行为在大众的日常生活中逐渐随处可见，包括日常吃饭、购物过程等都可以成为直播内容。但随着直播范围的不断扩大，网络视频直播行为自然而然地会引发一些可能侵犯他人隐私权和肖像权的问题。比如在直播中，一些与直播并不相干的人会误打误撞地出现在直播画面中。这些人对直播过程并不知晓，他们的一举一动却可能已被成百上千人观看。尽管这种行为很可能非主播的本意，但确实侵犯了他人的肖像权和隐私权。

隐私权是对公民人身自由和人格尊严不受侵犯的保护，但在直播行为泛滥的当下，一些网络视频主播随时随地在公共空间，如公园、商场、饭店等公共场所内开播，未经他人允许就将他人的一言一行进行传播，更有甚者消费他人的肖像权，以此获得打赏和盈利。比如"大衣哥"朱之文成名后，吸引了众多主播前去偷拍其私生活以获得私利。这些主播的行为已严重侵犯了朱之文的隐私权。

（三）严格遵守知识产权法

网络视频直播行业从业者应对知识产权相关法律有充分的了解。作为一名网络视频主播，严禁在直播过程中侵犯他人的知识产权。在直播过程中未经知识产权所有人的同意便私自利用相关作品牟利，属严重侵犯他人的知识产权行为。由于网络视频直播具有受众广泛、传播范围较广、没有时间空间限制等特点，所以网络视频直播涉及的侵犯知识产权所带来的恶劣影响会更大，也势必会引起人们对智力成果、著作权和商标权等知识产权类法律权益保障的深切担忧。

（四）严格履行依法纳税义务

依法纳税是每个公民都应该依法履行的一项义务。税收是国家经济收入的一个主要来源，也是调控经济运行的一个主要措施。偷税、漏税等违法行为既可能对国家财政造成巨大损失，也可能对社会公众的生活福利和其他公共利益造成不良影响，甚至加大贫富差距。网络视频主播作为新型职业的一种，其纳税问题却常常被忽视。网络视频主播通过直播带货、代言产品及线下演出等渠道获得丰厚经济收益的同时，也存在偷税、漏税等违法行为。作为新兴产业下的网络视频主播，稍有人气的主播月入过万已是很平常的事情。网络视频主播理应承担起依法纳税的职责。

网络视频直播行业出现偷税、漏税现象，很重要的一个原因在于，网络视频直播平台、主播经纪公司等缺乏纳税意识，以及税务部门对网络视频直播这一新兴产业征税缺乏具体依据，更为重要的原因是，网络视频主播缺乏自觉纳税的意识，对纳税存在侥幸心理。网络视频主播作为公民，理应遵守依法纳税的义务。网络视频主播以正当行业获取的合法收入来缴纳国家税款，在履行公民义务的同时，其实是对网络视频主播这一身份的认同与肯定，充分展现了网络视频主播对自己相应社会责任的担当。

网络视频直播行业不乏因缺乏公民意识而在直播中行为不端、铤而走险，最终被迫结束自己的直播生涯，甚至受到行政处罚的网络视频主播，因此，网络视频主播亟须提高法律素养，以承担起相应的社会责任。

第二节　媒介素养

网络视频直播的出现实现了用户足不出户便可与外界进行交互性社交的需求。网络视频主播以满足用户的内容需求获得高额的礼物与打赏，而用户的喜好又会直接影响内容传播。当前对网络视频主播入行并没有明显的门槛限制。媒介素养的缺失会造成直播内容低俗化等不良现象出现，这些不良现象也给网络视频直播行业带来了各种负面影响，严重阻碍了行业健康发展。因此，为了营造良好的媒介生态环境，保障媒介文化和社会文化和谐共处，网络视频主播需要有效提升自身的媒介素养。

一、认识大众传媒

如今,网络操作的便捷性和网络信息传播的高效性已逐渐深入社会的方方面面,所以大众媒介的具体使用者就必须进一步深入地认识大众传媒。媒体信息传播是由于社会各种因素相互影响而逐渐形成的,并通过各种媒介方式进行传播推广的一种过程。网络视频主播作为网络媒介的参与者,不仅需要深入了解大众传媒的概念、内容、特点、功能等,还要学习其对公众生活产生的作用和影响等,传播健康、积极向上、符合践行社会主义核心价值观的文化内容。

二、合理使用大众传媒

网络视频主播应通过媒介素养教育活动充分了解各种媒介的重要意义,学会充分利用各种媒介满足自我发展的合理需求,建设性地利用各种大众媒介帮助并促进自我健康和谐发展。另外,网络视频主播也可以利用网络视频直播平台进行合理合法的行业宣传、指导、教育、服务;还可以利用网络广告树立品牌、体现企业的品牌产品形象,影响广大消费者的品牌观念等,实现合理盈利。在网络大众传媒高度信息融合、智能化的今天,使用网络大众传媒的综合素养主要包括运用计算机、网络等各种工具及运用各种视听语言的综合能力。合理使用大众传媒将迅速有效地帮助更多网络视频主播成功进入网络视频直播行业,从事网络视频直播。

三、积极参与大众传媒

如今,依靠网络视频弹幕技术,许多网络视频主播在其网络视频直播中能与广大用户进行即时、双向的信息互动。但是因为网络视频直播的在线时长和平台整体属性都会受到诸多限制,还有许多属于基础直播类型的直播需求未必都能够真正引起社会的高度重视。网络视频直播平台可以利用多种方式及时获得相关大数据技术支持,深入了解广大用户对传播媒体形式、传播思维风格、传播专业技能、传播内容等的需求,进行更加深入的市场调研。

四、增强利用大众传媒的能力

网络视频主播在媒介素养方面需要锻炼和增强的能力可以归纳为以下几个方面。

（一）批判性思维能力

批判性思维能力是指对看似理所当然的媒介内容进行深入思考，对其真实性进行质疑，解构其中暗含的深意，发现媒介对自己产生的影响，从而摆脱媒介的操纵。网络视频主播在提升自己媒介素养的过程中，应借助对媒介相关问题的思考，培养对生活中习以为常的事物、观点等的质疑和批判的能力。

（二）对认识事物的基本方法的应用能力

网络视频主播在思考大众媒介相关问题的过程中，应借助诸如比较、归纳、分类、调查、采访、实地考察等方法，归纳其中存在的普遍模式，并讨论这些普遍模式形成的原因。网络视频主播应该换位思考，去了解那些在没有大众传媒的环境下长大的人，认识到大众传媒对人们生活方式的影响。这些活动中所涉及的方法都是认识事物的基本方法。

（三）想象力和创造力

想象力和创造力主要体现在网络视频主播进行媒介创造活动上。网络视频直播行业作为一个新兴产业，具有旺盛的生命力。网络视频主播要不断地提高想象力和创造力，创新直播内容，塑造个人鲜明的直播特色。

第三节　服务受众素养

网络视频主播的服务受众素养主要包括消遣陪伴新方式，知识经济新载体，良好的精神素质，整洁、得体的外在形象，较好的表达能力，个性鲜明的直播风格等方面。

一、消遣陪伴新方式

基于对网络视频主播的深入了解和对网络视频主播认知度数据的分析，从腾讯研究院2017年联合龙珠直播服务平台对我国4 500多位主播的问卷调查结果来看，在从事网络视频直播职业的人员中有76%的主播认为自己的主要价值就是给用户带来娱乐陪伴，48%的主播觉得自身的主要价值是为用户带来技能和知识层面的教化，41%的主播则认为自己情感交流、倾听陪伴的能力最为突出。从用户对主播认知的角度来看，76%的用户认为一个好的网络视频主播应该具备幽默的风格，60%的用户认为网络视频主播应该具备一定的才艺或技能。

当前，网络视频主播的直播内容丰富多彩，从外在的颜值到内容的创新，再到表达的风格，都给用户带来了前所未有的交互式体验。

二、知识经济新载体

随着网络视频直播行业发展的不断成熟，主播的类型已经不仅仅局限于纯秀场或娱乐型。在用户需求和市场经济的推动下，网络视频主播不仅发挥了自身在大众传播中的文化推动作用，而且也通过课程设计、视频直播、知识付费等方式在获得经济收入的同时实现了自己的价值。这种类型的主播就是区别于普通秀场主播的知识型主播或内容主播。

为了满足用户的需求，在穿搭、美妆、教育、电竞、美食、文学等各方面不断有新的网络视频主播类型涌现。他们发挥自身的兴趣和专业特长，通过直播展示自己的一技之长，填补用户的知识缺口，推动网络视频直播行业传播的知识价值不断增长。

在知识经济的推动下，广告业务、知识付费、社群会员等产业得以发展，进而形成循环促进的功能，不仅督促和鼓励主播创造更多优质的直播内容，而且也促进了网络视频直播行业中知识经济的健康长远发展。

三、良好的精神素质

网络视频直播充满了不确定性，导致网络视频主播也充满了不确定性。多数职业的网络视频主播的直播属于陪伴式直播，他们每天直播时间超过6个小时。这对主播的身心都是极大的挑战，其间心情上的一点起伏可能就会直接影响直播间的氛围。这就要求网络视频主播具备良好的精神素质，在直播时控制和调整好情绪。

四、整洁、得体的外在形象

网络视频主播类型颇多，用户并不要求每位主播都貌美如花、玉树临风，但因为网络视频直播的特殊性，需要给广大用户实时呈现主播的外在形象，所以主播应该以整洁、得体的形象进行直播，以示对观看自己直播用户的尊重。

五、较好的表达能力

网络视频主播在直播中通过与用户的留言弹幕进行交流和互动，主播单方面对用户的评论进行回复或按照用户要求安排直播内容。这一过程对网络视频主播的语言表达能力是有一定要求的。具有较好的逻辑思维和转述能力是体现一名主播具备良好的表达能力的关键因素。

六、个性鲜明的直播风格

网络视频直播平台众多，重复的网络视频直播类型也不少。因为网络视频直播处于自由的网络空间环境，而且暂未有网络视频直播行业的产权法进行约束，所以众多网络视频直播常常会出现风格"大撞车"、内容雷同等尴尬情况。在竞争激烈的网络视频直播行业中，找到适合自己的直播风格是网络视频主播需要用心去揣摩的事情。简单地模仿他人的直播在内容创作上总会有局限性，所以比起跟风模仿，网络视频主播更应该探索出适合自己的、有特色的直播风格。

第四节　道德文化素养

一、良好的道德素质

"道德"主要是指人们在共同过着美好的生活时，在行为举止上所应该严格遵循的规范与准则，也是人类分辨对错善恶的一个标准。好的社会道德标准对于社会矛盾的调节、人类思想的认知、社会发展的平衡及思想行为的教育等都能够起到积极作用。网络视频主播应具备良好的道德素质。

首先，从道德层面对自身"三观"的树立和培养不能超越主流底线。网络视频主播作为一个独立的个体，无论是在社会生活中还是在网络传播活动中都不能脱离社会群体而独立存在。拥有正确的"三观"是进行健康直播活动的前提。特别是在对世界的认知、对自我价值的认知及对社会事务评判的认知上，网络视频主播应该既尊重自己，也尊重他人。比如，在男女社会地位的评定上能够与时俱进，尊重和理解女性；在进行网络社交的过程中不扰乱社会秩序、遵守社会公德；等等。成为网络视频主播前应该先做一个拥有正确"三观"的网络公民。

其次，从道德层面对自身直播内容的审核、把控应该尽到"把关人"的职责。美国著名的社会心理学家、传播学四大奠基人之一库尔特·卢因认为，只有那些符合群体的规范或把关人价值标准的信息内容才能进入传播的通道。[①] 在个人道德层面，网络视频主播在进行直播之前应该充分考虑传播内容是否与社会公认的主流道德标准一致，从内容层面上进行自我审视。无论是对自身观点的输出，还是对公共事件的评判，或者是对个人才能的展示，都应该以主流的社会道德标准为基准，不能逾越道德的底线。

---

① 张园良. 二十世纪传播学经典文本 [M]. 上海：复旦文学出版社，2003：549.

二、全面的知识文化素养

从对网络视频主播的认知层面来看,随着网络视频直播行业发展的不断成熟,主播的类型不再局限于纯娱乐型。为了满足用户的不同需求,不断涌现出新的网络视频主播类型。在网络视频主播知识经济发展的推动下,知识付费、广告业务等得以发展,从而形成循环促进的功能,督促和鼓励主播创造更多优质的直播内容,促使网络视频直播行业的知识经济更健康长远地发展。由于网络视频直播受用户需求和市场经济的推动,因此,网络视频主播更应该提升自身的文化素质,储备充足的知识以担负起引导大众、维护网络文明的责任,以及在娱乐大众的同时传播正能量的文化责任。

从网络视频主播的职业生命周期来看,尽管成为一名网络视频主播对学历没有做具体要求,但根据中国移动网络社交直播平台网站陌陌发布的《2019主播职业报告》[①],高学历网络视频主播的职业生命周期更长。直播行业的规范化,使主播职业化越来越强。职业主播的数量剧增。从职业主播的整个职业发展生命周期和可持续性特征来看,高学历也已经成了重要的衡量标准之一。也就是说,学历水平越高的主播职业生命周期越长。学历较高的主播投身直播行业,正是因为他们看到了直播行业能实现自我价值,展现个人魅力。此外,学历越高的主播,在自我提升和自我成长方面也更愿意投入成本。一方面,主播职业的特点吸引越来越多高学历人群加入;另一方面,学历层次的提升能促进主播职业更好地发展,最终形成一个良性循环。

三、公益服务素养

在当下这个泛娱乐盛行的环境中,网络视频主播为发挥自身的影响力、弘扬社会正能量,应该在公益服务上有足够的担当。

---

① 陌陌.2019主播职业报告[EB/OL].(2020-01-08)[2020-01-09].https://m.gmw.cn/baijia/2020-01/09/33469064.html.

"青禾计划"是由中国演出行业协会网络表演（直播）分会于2018年1月发起的一项大型综合性直播公益文化服务系列活动，目的主要是充分利用其资源优势，以"直播+农村电商""直播+文化扶贫""直播+特色文旅"等多种形式，让更多悠久和传统的民族文化、特色的民间文化艺术和优质的农副产品通过网络视频到达我国各个地区，被广大农户认同、理解，真正达到文化扶贫的目的，帮助更多的贫困地区实现"脱真贫、真脱贫"。作为一名网络视频主播，韩美曾在由花椒网络视频直播组织主办的"校园造星计划"中将自己个人获得的大量奖金捐赠给中国儿童少年基金会。她在自身网络影响力不断扩大的同时，主动承担了自己作为网络视频主播的公益责任。这也给其他主播树立了一个行业典范，使网民对网络视频主播的社会责任有了新的认知。

第五章
网络视频主播的互动特性

早期的网络媒介构建了一个平行于现实世界的虚拟空间。1993年《纽约客》上刊登的一则漫画《在互联网上，没有人知道你是一条狗》，便是对当时情况的真实反映。随着网络媒介的发展，人们已不再满足于虚拟角色扮演，获得"存在感"和社会认同的趋向驱使人们在网络平台积极发表观点、彰显个性。虚拟空间与现实世界相互交织，逐渐转变为人们的日常生活空间。网络视频直播也以其实时、可视的传播形式实现了更完整、更丰富的人际交流。"人"在网络中的地位越来越凸显，网络视频主播群体可谓应运而生。作为依托媒体技术进步而产生的新兴群体和新兴职业，网络视频主播不仅为直播平台创造了丰厚的收益和引人注目的话题，制造了许多"网红"，而且拓展和丰富了新媒体及网络文化的发展。①

网络视频主播不同于传统广电媒体主持人。在目前网络视频直播的生产模式下，网络视频主播实际上承担了"编导+主持人"的功能。用户观看直播，相当于选择收看了一档节目，而这档节目的策划、拍摄及主持都是由主播一人完成的。在直播发展初期，大部分用户是怀着"直播是什么"的好奇心理来观看直播，而非被直播内容本身吸引。这种形式导向型的发展模式是媒介发展初期的必经阶段。当网络视频直播脱去新奇的外衣后，网络视频主播面临的将是内容的竞争，网络视频直播也必将转向内容导向型。届时，扮演"编导+主持人"双重角色的网络视频主播需要具备的不仅是外表和才艺，还要有节目思维、表达能力等专业素质。

第一节 互动仪式链的构成要素

社会学家兰德尔·柯林斯在借鉴了涂尔干和戈夫曼的互动仪式思想的基础上，于2004年提出了互动仪式链理论，系统探讨了互动仪式的作用机制。柯林斯认为，在微观社会学中，互动仪式是人们最基本的活动，是一切社会学研究的基点。互动仪式的核心机制是相互关注和情感连带。在

---

① 郝君怡. 热门网络主播的身份特征分析 [J]. 中国广播电视学刊, 2018 (2): 70-74.

相互关注和情感连带下，形成与认知符号相关联的成员身份感为参与互动的成员带来情感能量，使他们更有信心和热情做出道德上容许的互动行为和社会活动。互动仪式过程具有因果关系和有节奏的反馈强化的连续性，由四个要素构成：身体共在、排斥局外人屏障、相互关注焦点和共享的情感状态。①

一、身体共在

两个或两个以上的人聚集在同一场所，通过身体在场（处于同一现实场景且可相互感知）而相互影响。不论是涂尔干和戈夫曼，还是柯林斯，都着重强调了亲身在场作为仪式起始条件的必要性。仪式是个人感知的一个情感过程。互动仪式链理论提供了可证明的细节：当某人通过激动的感情向相同场域里的人诉说的时候，仪式感达到高潮；相反，如果受众持消极、冷漠、无精打采的状态接受时，诉说者会被动地被此状态影响。如果互动双方不在同一语境或场域下，那么互动便不会产生。传受双方是否在同一语境或场域直接影响了互动仪式链的强弱。"身临其境"更容易接收他人的信号。双方处于同一环境，能够确定共同聚集的焦点所在，从而达到主体间性状态。其关键在于双方的神经系统可以相互协调，如语态、动作、神情。但是如果参与者的神经系统能够产生远程的连带作用，那么其产生的效果也将会与亲身在场一样。②

二、排斥局外人屏障

在互动仪式中，参与者对局外人设定了界限，因此，参与者知道谁参加，而谁又被排除在外。互动仪式的模型说明了互动的一般过程，仪式可以是成功的也可以是失败的。根据实际的关注焦点、情绪感染及参与者对于成员身份的认同出现不同程度的变化，互动仪式链也会产生变化。由于

---

① 周瑞. 基于互动仪式链理论的网络直播互动分析 [J]. 西部广播电视, 2017 (17): 27-28.
② 干枘鑫. 互动仪式链视域下斗鱼《英雄联盟》直播的互动效果研究 [D]. 武汉：武汉体育学院, 2020.

这些不确定性，参与者参与互动时会产生分层，某些占据主导地位的人便能通过仪式拥有支配他人的权力，其他人则是被动的或抗拒的；某些参与者位居焦点的中心位置，而另一些参与者处在边缘或被排除在外。①

三、相互关注焦点

焦点的统一就是人们将其注意力集中在共同的事物或者对象上，通过相互交流，知道彼此共同关注的焦点。柯林斯认为，有关注焦点的人群往往能获得延长这种团结感的共同符号，当有人打断它时，它就会锁定在最直接的或最接近的一个人身上。但是这种关注焦点大多是自发产生的，人们并不会刻意去关注它是如何产生的。当人们把注意力集中在同一事物或对象上时，他们会互相传递焦点，其他参与者也会在每个人的互动中知道其统一关注的焦点。当人们关注的焦点越来越紧密时，他们则会更加强烈地分享对共同关注的焦点的感受。

四、情感共享

当人们分享共同的情绪或情感状态时，情感刺激会进一步产生情感共鸣。柯林斯认为，情感既是互动仪式链理论的核心组成要素，又是其结果。在互动仪式模型中，假定参与者中间存在一种情绪感染力，因为他们都集中关注同一件事情，并且相互意识到对方的焦点，所以他们开始被彼此的感情吸引。这项仪式的结果就是，情感状态变得越来越强烈，也更具有支配性，而与之相反的情感会被主要情感驱散。情绪感染同样也是社会生理学的事实，在情感连带中参与者的情绪会影响他人，同时也被他人影响。在自然仪式中，形成集体兴奋的微观谈话的一个例子就是共享的笑声。笑声是由身体有节奏的重复的呼吸爆发而产生的，在人开心的时刻便会自然而然地产生。大多数笑声是集体性的。一旦笑声开始就能自己延续下去。这个事例便是最好的解释了。人类最强烈的快乐情绪来源，是基于

---

① 干枘鑫. 互动仪式链视域下斗鱼《英雄联盟》直播的互动效果研究 [D]. 武汉：武汉体育学院，2020.

全身心地投入同步进行的活动过程之中。这也是人们愿意参加具有高强度的互动仪式的主要原因。①

第二节　互动效果的决定因素

一、拥有专业素养

悦耳的声音，对于有声语言工作者而言是基本的素养之一。无论是传统媒体的播音员主持人，还是网络视频主播，锤炼好语言功力是其基本素养之一。

对于传统意义上的播音员主持人来说，播音时语音规范是最基本的要求。动听的声音能快速打动听众。为确保节目达到良好的效果，在主持过程中将语言内容自然地传达给受众，是他们需要具备的职业素养。好听的声音一方面源于先天的嗓音条件，另一方面需要后期经过专业的训练。此外，还需要对发声原理和观众心理等进行分析研究，这样才能保证自己的声音更加具有感染力，能够最大限度地感染受众的情绪，提高自己的播音主持水平，以上所说的，可以统称为播音员主持人有声语言表达。副语言对于播音员主持人同样重要。播音员主持人，不仅只是简单地拿着稿件，用标准流利的普通话播读稿件，而且在实际的播音过程中需要配合副语言一同表达，这样可以更好地增加受众的信服力和稿件的感染力。根据不同场合，播音员主持人会在着装上有不同的需求，如新年到来，主播台前的播音员着装会更加喜庆。在内容传达方面，播音员主持人自身要有社会责任感，坚持党性原则。对于播音员主持人来说，有声语言及副语言是可以在系统学习过程中通过不断练习来掌握和提升的，而真正考验播音员主持人专业素养的是临场应变能力。《我是歌手》舞台上汪涵对于孙楠退赛的机智救场便是临场应变能力的经典案例。

---

① 林璐.互动仪式链视角下人民日报微博新闻评论互动研究［D］.开封：河南大学，2020.

对于网络视频主播来说，他们大多未经过专业播音训练，可以说是非科班出身，那么他们是怎样赢得受众喜欢的呢？最重要的一点就是他们对自己所属领域的热爱。

作为一名优秀的网络视频主播，首先得真正热爱直播而不是把它当作一种捞钱的工具。无论是网络视频游戏主播，还是其他类型视频主播，每一位想加入网络视频直播行业的人，只有乐在其中，才会收获更多。

一位"蠢萌"妹子在抖音拥有4 000多万粉丝，声音好听却从来不露脸，这与大部分女主播完全不同。她在露脸之后直接冲上了抖音热榜，斩获了6亿次的播放量。她把自己的生活经历分享给粉丝：洗个澡摔断了腿，吃个苹果磕掉了门牙，等等。她就是FPS吃鸡游戏里的"一条小团团"。2017年，她毕业之后因为兴趣做起了全职主播。然而，一开始的直播活动开展得很艰难。后来她又体验了很多其他职业，如奶茶小妹、网吧收银员、饭店服务员、流水线工人等，每个工作都干不出味道，这样的生活持续了一整年，生活平淡如一潭死水。直到一次意外彻底打破了这一切，也改变了她的人生。不小心在浴室摔断腿的她，只能在家静养。无奈的她选择了最后的救命稻草——重返直播行业，然而依旧没人观看直播。2018年，"一条小团团"在抖音发布了第一条视频，虽然播放量只有100次，但工作量不大。她依然坚持把每天的直播素材记录下来，再剪辑发布到视频网站。让她没有想到的是，在接下来3个月的时间里，视频播放量从100次上升到1 000次，再到100万个点赞，"一条小团团"的粉丝量猛涨，热度激增。很多人提起她估计都会想起那首《苏喂苏喂苏喂》，单单是这一首背景音乐，就有十几万的网友轮番使用。

2020年6月，"一条小团团"的粉丝突破4 000万。为了兑现和粉丝的承诺，她第一次露脸跳了一段舞蹈，获得了广大粉丝的喜爱。

随着互联网的发展，人们接收信息的方式也在发生改变。在互联网普及之前，人们一般通过人际传播、翻阅书本等传统方式获取信息，当下人们获取信息的途径更加多种多样。如用户可以通过豆瓣去查询自己心仪的电影评分；若想了解热点事件，便会登录微博热搜榜；若想查询信息，便会登录百度网页。在网络视频直播盛行的当下，人们观看直播的目的也是各种各样。如果在直播过程中遇到疑问或不认可的行为方式，用户会通过弹幕的形式向主播提问，并希望得到主播回应，从而满足自己对直播内容的专业化需求。在直播间中，网络视频主播是传播主体、意见领袖，并且与直播平台、相关公司和开发团队联系密切，一旦出现信息更新，公司会第一时间传达给网络视频主播，网络视频主播在直播间通过言语表达，将官方信息告知粉丝，最后通过人际传播、群体传播进行推广。

我们可以看出，想成为热门主播，最基本的前提是在自己直播的领域拥有不错的专业素养，内容导向性在今后的受众选择上会占据主要地位。①

二、熟悉网络视频直播语言

与传统媒体相比，网络视频直播具有较强的互动性。不仅用户与主播可以进行互动，主播与主播、用户与用户也都可以进行互动。主播可以通过直播展示自己，以视频直播的形式分享自己所属领域的日常来获得用户的认可，而普通用户可通过弹幕形式实现与主播或其他用户的交流互动。大众传播模式多为单向性传播。网络视频直播不仅打破了时空界限，而且实现了"一对多"的互动。网络视频直播的交互性，不仅使传播方式更加个性化和平等化，而且大大增强了受众的体验感与参与度，加速了传播信息的反馈，使信息传播更具成效。② 受众可以根据观看的内容，通过弹幕实时与主播进行沟通，分享自己的认知与感受；同样主播也可以通过实时弹幕及时改变或转换直播内容，更好地迎合受众群体。

网络视频直播是在互联网基础上诞生的一种直播形式，不同于传统的电视直播，也不同于现场直播。网络视频直播属于网络的一部分。网络与网络视频直播就像整体与个体。整体是网络，包括网络视频直播；而网络视频直播作为个体又有其独特的个性。由于承载形式存在巨大差异，网络视频直播的表现形式和一般的网络形式大相径庭，进而在语言层面上存在

---

① 宋丽莎. 网络游戏直播中主播与粉丝的互动特征研究［D］. 长沙：湖南大学，2019.
② 单依晨. 网络视频直播的特点及发展研究［J］. 传媒，2017（6）：91-93.

差异。网络视频直播语言来源广泛,可以来源于日常生活、古文典籍、新闻时政、各国语言、各地方言,也可以来源于其他网络空间如贴吧、微博、论坛,还可以来源于具体的活动如体育、游戏、文娱等。网络视频直播语言的生成方式有模仿、简化、歧义、变形等形式,充分体现了人民群众的智慧。网络视频直播语言中出现了许多跟口头语、书面语、一般网络用语不一样的新词、新句子、新语法。由于网络视频直播语言来源多样,因此比较复杂且难以全面掌握。

综上所述,我们可以这样理解网络视频直播语言:网络视频直播语言是指在网络视频直播中被人们创造、使用、传播的一种语言,属于网络语言的一个分支,是网络语言里前卫的、变化多端的一部分。① 网络视频直播语言具有如下特点。

(一) 共演性

共演性即共同表演性。网络视频直播语言与传统媒介中的语言不同。在直播平台上主播与观众进行互动,进而完成了对话轮的消解,产生了与网络语言所不同的共演性。具体来说,在同一时间内,主播在直播间对观众所说的话与观众的反馈(即弹幕)同时在直播间中呈现出来。可以看出,无论是主播还是观众所说的话,都是没有规定语序的,主播可以根据直播内容与观众反馈随时开启新的语言内容,观众也可以随时根据直播内容切换自己的关注焦点。主播与观众说的话通过声音与文字的形式呈现在一起,仿佛双方正在共同完成一场表演。在直播间里,主播可能正在解说一场游戏,而观众们可以互相分享自己的日常。弹幕看似与直播内容互不相关,但观众语言同样也通过直播的形式传递出去,成了直播内容。

(二) 创造性

网络视频直播语言传播迅速、更新换代很快。几乎每天都有新的词语出现在网络视频直播中,用户的创造力在网络视频直播中被调动起来,大家进行着头脑风暴,大胆地施展着自己的才华,不需要顾忌太多,只要是

---

① 黄晋贤. 网络直播语言特点概述 [J]. 读天下 (综合), 2018 (15): 274.

有价值、有趣、深入人心的用语就会被大家广为流传，进而产生广泛的影响，甚至成为人们在日常生活中的口头禅。主播与用户可以把自己独特的地域语言风格，或是自我创造的语言新形式在直播间呈现出来，通过网络视频直播平台传播出去。从正面影响来说，具有娱乐大众的无可比拟的作用；从负面影响来看，造成的不良影响也是广泛的。①

（三）群聚性

社会方言是社会内部不同年龄、性别、职业、阶层的人们在语言使用上表现出来的一些变异，是言语社团的一种标志。每一个直播间，都具有鲜明的个体特色。这个鲜明的特色会吸引有相同爱好的人，通过主播的语言，用户模仿、改造、传播的语言，逐渐形成各种各样的言语社团。而这些社团的特点就是使用自己独具特色的语言。这些语言一般由主播说出，可能是各种有特色的主播自创的口语，比如《英雄联盟》主播"PDD"的名台词"玩个皮皮猪""骚猪皮"。在主播的主导下观众也会参与这些语言的发展和改造，而形成更多的词汇。②

（四）时代性

网络视频直播语言的时代性体现在：对社会生活的及时反映；对现代年轻群体心理的反映；对网络语言最新潮部分的反映。以往人们通常通过新闻网站来获取新闻，而现在只需要在直播间里和大家聊一聊，就能很快了解当今的热点是什么。这一现象产生的原因是网络视频直播语言具有即时性，能即时反映当下的社会环境、大众心理。而且网络视频直播的参与人数众多，来源广泛，各方的人群都有着不同的信息获取渠道，因此网络视频直播也成了观照现实社会生活的一面镜子。分享的人多，接受传递信息的人也多。③

（五）低俗性

网络视频直播语言的低俗性主要体现在语言暴力和其他具有色情、违

---

① 黄晋贤．网络直播语言特点概述［J］．读天下，2018（15）：274．
② 黄晋贤．网络直播语言特点概述［J］．读天下，2018（15）：274．
③ 黄晋贤．网络直播语言特点概述［J］．读天下，2018（15）：274．

法倾向的语言中。一方面，参与网络视频直播的人来源复杂，无论是谁都有参与网络视频直播的权利，这也导致了主播的素质参差不齐；另一方面，人们隐藏在网络背后，更倾向于直接抒发自己的内心欲望。一些低俗的语言会对尚未形成稳定世界观和人生观的青少年的身心产生恶劣的影响，严重不利于中国特色社会主义精神文明的发展，不利于社会的稳定团结。相关部门应该严加监管，加强网络文化的科普教育。①

第三节 互动内容的形成要素

一、独特的话语体系

网络视频主播的独特话语体系不仅要求主播具有过硬的专业素养，还要求主播具有自己独特的风格。以当前热度较高的游戏视频主播来说，游戏玩家不仅是游戏的体验者，同时也是游戏符号的创造者。为了便于互动，玩家们会创造专属于"游戏迷群"的话语体系，比如《王者荣耀》的英雄"鲁班七号"被玩家们称为"小短腿""小书包"。游戏视频主播的粉丝通常是游戏玩家，因此在游戏直播间中会创造许多专属于游戏直播间的互动符号，比如常见符号"666"等是对游戏主播操作的夸赞；"平A""斩杀""制裁"是对游戏技能的简称。不仅如此，粉丝还创造了专属于该游戏主播的话语体系，比如游戏主播"拖米"的粉丝就常常叫拖米为"痛苦面具"，只因拖米的长相与游戏装备"痛苦面具"外形相似。游戏视频主播在直播过程中也会创建独特的话语体系，比如"张大仙"早期在直播时因操作《王者荣耀》英雄"露娜"颇为擅长，收获许多人气。该英雄操作具有一定难度，"张大仙"就自创一套操作体系，并称之为"月下无限连"。其粉丝便常常使用"月下无限连"进行互动传播，"月下无限连"一度成为游戏界的热门流行语。游戏主播"芜湖大司马"的口头禅为"你

---

① 黄晋贤. 网络直播语言特点概述 [J]. 读天下, 2018 (15)：274.

是真的皮",其粉丝便常以"你很皮"进行语言互动,并运用在其他直播间弹幕乃至日常生活中。2018年年初,"芜湖大司马"还在长沙开办了自己的网吧,名字就叫"真皮网咖",将自己的专属话语体系发展成品牌IP,甚至引发全国各地粉丝前来参观合影。①

  提起网络视频直播带货第一人,大家可能首先都会想到李佳琦。凡是被他"安利"的化妆品大都会成为热销爆款,甚至有的化妆品只是被贴上"李佳琦同款"的标签就能够畅销。了解李佳琦的人可能都知道,他在没有火之前,只是欧莱雅的一名普通的彩妆导购,因为其业务能力突出,才被选出参与网红孵化项目。如果我们只看他的个人条件,似乎和其他美妆博主比起来并没有什么压倒性的优势,比他帅的也并不是没有,怎么火的偏偏就是他李佳琦?说起李佳琦的营销能力,我想没有人不佩服吧。曾经马云跟他在淘宝PK一分钟内卖口红,结果他一分钟卖出了1 000支,而马云只卖出了10支!可能有的人说马云并不是彩妆博主,他卖得少并不能说明李佳琦营销能力很强。但是看过李佳琦直播的人就知道,他所推荐的口红等化妆品,总是会在很短的时间内成为爆款,甚至脱销。因此,观众在看他直播时除了有被"安利"的满足感外,还有迟了就会断货的紧迫感。他的营销能力和他早年在欧莱雅做导购有很大的关系。他曾系统学过长达一年半的化妆、直播、销售等技巧,从化妆步骤、认识单品到美妆培训都经过重重考试,专业性非常强。此外,他在直播时的金句频出也深受大众喜爱,而他的经典句"Oh My God,姐妹们,买它"更是深入人心。

  李佳琦在直播时常常会提起大牌明星,如杨幂、林志玲、蔡依林等,在他售卖口红时,观众就已经被他深入人心的描述打动。最后他再来一个"杨幂的颜色"之类的金句画龙点睛,一下子就给商品打上了"明星同款"的标签,再加上他的"买!买!买!",商品的销量自然不言而喻了。而且最为重要的一点是,李佳琦"安利"的口红等产品,其性价比是很高的,这也使他拥有了很好的口碑,不仅有回头客,而且不断吸引着新顾客。李

---

  ① 宋丽莎.网络游戏直播中主播与粉丝的互动特征研究[D].长沙:湖南大学,2019.

佳琦的直播间也常常会有明星入驻。可以说他与明星之间，更多的是双赢。明星可以给他的直播间带来更多的流量，增加他的销量；而明星在直播间与他进行趣味互动时，会将最真实的一面展现在观众的面前，也会为他们吸到更多路人粉。

二、内容的角色代入

在直播间内，粉丝通过主播的直播行为发表自己的言论；在直播间外，日常生活中粉丝也会与他人分享或交流信息。在这一过程中，粉丝关注的场景被主播分享的内容充斥着，主播、粉丝、内容三者形成了封闭空间，粉丝在这个环境中会产生角色代入感。比如，粉丝关注的主播在直播中呈现出开心愉悦的状态时，粉丝也会感受到轻松的直播状态；当主播处于消沉低迷的情绪时，粉丝会感到压力与不安；当主播离挑战成功越来越近时，粉丝会在直播间以弹幕发布"铁子，加油""666""干就完了"等鼓励性话语，围观的粉丝也会越来越多，都希望见证主播成功的那一刻。粉丝会根据主播的直播情况，身临其境地感受到主播的内心活动，随即产生不同的观看感受。在互动过程中，粉丝产生强烈的代入感与直播内容本身所表达的情绪相似。比如，如《王者荣耀》《绝地求生》《英雄联盟》都是团队作战游戏，因此粉丝更容易接受游戏精神。在主播进行游戏挑战时，粉丝会自发代入成主播本人或者主播的队友，虽然没有直接参与游戏操作，但在精神层面与主播"共进退"。①

三、弹幕的密切相关

弹幕内容大部分都离不开直播内容本身。粉丝根据直播画面对主播的行为举止进行点评与调侃，其他互动内容主要与自身日常、粉丝之间的聊天对话、打赏等有关。弹幕的符号形式多种多样，有文字、数字、表情符号、标点符号等。比如，发布"666"来夸赞主播操作；用"2333"表示"哈哈哈"来表达自己的情感。粉丝也会通过弹幕要求主播在直播间播放

---

① 宋丽莎. 网络游戏直播中主播与粉丝的互动特征研究［D］. 长沙：湖南大学，2019.

自己喜欢的音乐作为背景音乐，或者要求主播说自己想听的内容或采用自己想看的表演形式。①

在直播间内，虽然粉丝并没有直接参与主播所属领域的相关实际操作，但对于自己喜欢的主播，粉丝在观看其直播的同时会产生沉浸感，受主播画面的影响会产生角色代入感，会感到自己也处在当时的空间，直接参与互动。比如，主播通过优秀的操作成功地在游戏中拿下"五杀"后，弹幕瞬间活跃起来，直播画面上漂浮着"666"的数字内容来夸赞游戏主播。由此可以看出，粉丝不仅与主播产生互动，也与主播在直播时的行为举止产生着互动。主播在直播时的行为举止不仅是简单的直播内容，同时也是受众互动的一种导向性因素。②

四、主播的形象建构

如今，短视频成了大众看世界的重要媒介。网络视频主播通过这个媒介，把自己精彩的直播片段上传到各大短视频网站。通过短视频平台进行编辑与设计，具有戏剧表演的属性与特征。个体通过在短视频平台的"台前"表演，来增加自身的"社交货币"，更好地对自我形象进行定位与放大，在短视频爱好者中快速找到自己的受众群体。观看者即使之前对主播所属领域并不了解，但是通过观看主播在视频中的表演，也会以"爱屋及乌"的心理状态寻找与主播的情感共鸣。戈夫曼的拟剧理论将"个体"分为表演角色和表演者两类，前者是在表演面具隐藏下的我，后者是内在的自我。在用户原创短视频内容的生产和传播过程中，用户的自我意识和自我界定直接决定了其对视频内容的创意、规划、把关和编辑视角等。个体在进行主题策划和创意选取时，会受到拟剧理论中的"自我"形象界定的影响。③

---

① 宋丽莎. 网络游戏直播中主播与粉丝的互动特征研究 [D]. 长沙：湖南大学, 2019.
② 宋丽莎. 网络游戏直播中主播与粉丝的互动特征研究 [D]. 长沙：湖南大学, 2019.
③ 宋丽莎. 网络游戏直播中主播与粉丝的互动特征研究 [D]. 长沙：湖南大学, 2019.

第四节 互动质量的关键保障

一、主播与粉丝互动方式

粉丝在与主播互动的过程中,通过一次次的互动获得满足,形成情感能量,长此以往形成粉丝黏性。通过对互动内容的研究发现,粉丝的互动内容根据主播行为不断改变,并且大部分弹幕根据主播言语、直播内容而发生变化。从互动内容的研究来看,粉丝对主播的意外操作、反差内容产生较大的情绪波动时,通常在弹幕中以"?""打脸""就这"等语言表达。因此主播想要提高互动质量,就必须洞察粉丝情感及心理,发现粉丝感兴趣的互动内容,迎合粉丝的观看需求,掌握粉丝消遣时间的娱乐心理。主播应让粉丝在直播间拥有极大的乐趣与参与感。

如何营造一种轻松愉快的娱乐氛围?

首先,主播得学会为粉丝创造弹幕空间。直播中粉丝发布弹幕看似是主动行为,实际上与主播的互动引导有着密不可分的关系。头部主播大多呈现搞笑的直播风格,而部分游戏主播不懂得互动,一本正经的直播风格往往无法获得粉丝青睐。许多头部主播在直播中喜欢"口嗨",但是直播结果往往不尽人意,与主播的心理预期大相径庭。从对粉丝观看直播的目的的调查结果来看,粉丝既希望从直播内容中获取有用信息,又希望满足自身娱乐需求。主播通过"意外操作"会产生正向的情感反馈,让粉丝感到愉悦,粉丝在用弹幕吐槽时无形中也释放了压力。因此主播要充分了解粉丝的心理需求,学会为粉丝创造弹幕空间。

其次,主播要学会在直播间外与粉丝互动。主播与粉丝在直播间外的互动多在粉丝群、微博中进行,因此为了增强粉丝黏性,在直播间外,主播也需要与粉丝进行互动。在网络中,人们心中会存在窥探欲。这种欲望在生活中由于个人的"人设"或出于礼貌不便表达出来,而在网络世界,大家隔着屏幕谁也不认识谁,注册的 ID 也不会暴露个人信息。这时,人们的好奇心和窥探欲促使他们想要了解主播在直播间外的生活。主播若在直播间中提到个人生活状态或者较为隐私的内容，往往能起到很好的互动效果，因此主播要学会利用微博、抖音这样的社交平台，通过日常互动增强粉丝黏性。①

互动方式可以展现营销策略。营销策略即以直播内容为诱因，以互动为载体，在粉丝参与的过程中传播广告信息，从而达到潜移默化的广告效果。游戏直播中的营销策略是以游戏内容、游戏互动的方式达到与粉丝互动的效果。互动内容决定互动方式，所以多数游戏主播会开设自己的网店，售卖计算机设备如键盘、鼠标、主机等与自己直播内容相关的产品，并通过直播强调自己网店售卖商品的质量。粉丝也会因为对其崇拜、对游戏内容的追随而购买商品。"吃播"开播时间会选择在中午或夜晚，选择人体较为饥饿的时间段可以更好地达到传播目的。在直播的同时，"吃播"也会在直播间分享自己上架的食物并进行广告宣传。而户外直播最出名的便是深夜"鬼村"探秘这一主题类型。主播通过镜头以第一视角向大家呈现"鬼村"实景，从而获得大批关注与点击量。②

社交连接需求和独具特色的货币化机制促进了中国视频直播行业的蓬勃发展。网络视频主播的生存和发展主要依赖粉丝的支持与打赏。通过对网络视频主播与粉丝的互动方式进行归纳总结，我们发现主播与粉丝的互动方式能够刺激粉丝的打赏行为。在视频直播领域曾有这样一个笑话：粉丝较少的主播，在直播中说得最多的一句话就是"谢谢老铁的点赞关注"，而粉丝较多的主播说得最多的便是"感谢老板送的火箭"。这里的"火箭"并不是能飞上太空的火箭，而是指在直播平台上，粉丝把充值获得的虚拟货币送给自己心仪的主播。主播在弹幕中看到粉丝送来的礼物后，也会立即在直播间内感谢粉丝给予反馈，通过言语的方式，在直播间内尽量"哄"好粉丝。有主播甚至会直接念出送礼物粉丝的 ID，粉丝的虚荣心也得到了极大的满足。有粉丝抓住主播念 ID 的习惯，把自己的 ID 改成与主

---

① 宋丽莎. 网络游戏直播中主播与粉丝的互动特征研究［D］. 长沙：湖南大学，2019.
② 宋丽莎. 网络游戏直播中主播与粉丝的互动特征研究［D］. 长沙：湖南大学，2019.

播相关的词汇，让主播在直播间公开读出来。主播对送礼物粉丝的感谢，被网友们"玩坏"了，变成了娱乐的一个方式。然而，视频直播平台有大量未成年群体，低俗化的互动方式会使他们的观看感受受到极大影响。所以主播在感谢粉丝送礼的同时，也应该避免低俗化，选择性地与粉丝进行互动。

二、主播互动方式的主导地位

在以往的传播媒介中，传播者扮演的多是主导角色，传播者对传播信息、话语权、传播风格具有绝对的控制力。随着互联网时代的到来，传播者逐渐失去自己的权利，而更多的权利交给了受众，传播者互动的方式、风格、传递的信息越来越容易被大众左右。

网络传播与传统传播相比，最大的不同就是传播的互动性。在网络传播过程中，传播者与受众可以轻易地进行角色互换。直播间主播与受众互动的实时性打破了时空的限制。主播不需要在直播后通过收视率与后台观众来信去分析节目的质量，而是可以通过粉丝的反馈及时改变播出内容。但是，主播的互动内容也影响着粉丝的参与内容。如主播邀请粉丝参与抽奖，通过充值虚拟货币来获得抽奖机会。可能一元现金换来的虚拟货币就能换来千元现金红包，这也是我们常在网络世界中听到的"搏一搏，单车变摩托"。当粉丝接受邀请后，粉丝的反馈就具有被动性，而此时主播就占据了传播的主导角色。

粉丝将主播作为自己的偶像对待，但从互动方式来看，与追星族有本质区别。追星族追的偶像通常为娱乐明星，粉丝每日发布内容、组织活动主动与明星互动，希望获取明星的回应和关注。在粉丝与明星的互动中，粉丝处于主导者角色。但网络视频主播与粉丝的互动方式恰恰相反，主播作为偶像的一种，通过各种互动方式，希望与粉丝时刻保持互动关系，并且互动频率高，而粉丝每日充当着受众角色，虽然粉丝互动反馈具有主动权，但是以主播创造的互动方式为前提，因此从互动方式来看，体现主播的主导角色。①

三、多平台的互动方式

随着生活节奏的加快，人们越来越愿意在碎片化的时间内选择自己心仪的娱乐内容。在新媒体发达的今天，网络视频主播与粉丝之间的互动不再局限于直播间中。特别是随着短视频时代的到来，多数网络视频主播编辑自己精彩的直播片段，或是直接在抖音等平台进行直播，为他们增加了众多粉丝。当用户在茶前饭后随机观看到该直播视频时，若产生兴趣，便可以直接点击主播头像，进入主播的直播间。因此，主播若想增强粉丝黏性，就需要学会利用多种平台、多种方式与粉丝进行互动。

对于刚从事网络视频直播的人来说，起步阶段最为关键和艰辛，最需要的就是自身的曝光量。对于受众或网友来说，他们往往会根据优质的内容逐渐对主播产生兴趣，再转变为粉丝。网络视频主播作为直播内容的生产者，在直播期间产生了大量用户原创内容，因此在直播过程中需重视对直播素材的收集与整理，把独具特色的个人魅力放大，形成属于自己的直播风格，将内容同步发布在各大社交平台上，增加个人曝光量，长期存在于受众的视野中，在受众心里博得一席之地。

另外，网络视频主播在日常直播中，不仅需要挖掘新粉丝群体，还要维护与原有粉丝的关系。通过对粉丝的互动动机进行研究发现，粉丝具有情感动机，作为网络中的一员，同样希望找到与自己兴趣相投的粉丝群体。粉丝群便是粉丝群体归属感最强的聚集地之一。粉丝群是以网络视频主播为核心、以直播内容为主要互动内容的小型亲密互动群。在群内，粉丝之间可以通过主播直播内容或直播弹幕，找到自己的老乡或同属一个城市的"外来户"，他们之间会加好友，产生莫名的情感共鸣。网络视频主播在群中发起话题、沟通信息，与粉丝频繁互动，会加强粉丝的群体归属感，因此新主播在直播之初，应当先建立小型黏性强的粉丝群，随后通过长期直播逐渐将小群不断壮大，当粉丝达到一定数量时再根据粉丝等级对

---

① 宋丽莎. 网络游戏直播中主播与粉丝的互动特征研究 [D]. 长沙：湖南大学，2019.

粉丝进行分类，设置进入不同粉丝群的门槛，并针对不同的粉丝群举行相应的互动活动，增强与粉丝的黏性。

四、打造个人 IP

个人 IP 就是人格化品牌，即魅力人格体。在互联网时代，人们的物质生活与精神生活更加丰富，选择更加多样，消费者很难靠理性做出最优选择。个人 IP 将魅力人格作为信息的筛选工具，比品牌更高效、更有温度。通过对主播与粉丝的互动动机研究发现，在互动过程中粉丝对主播存在偶像式追星现象，许多粉丝的打赏动机、弹幕互动动机都是希望无条件支持主播，因此主播应当拥有长远目光，学会树立个人 IP，让个人 IP 具有情感和温度。首先，发现自身优势，使直播风格具备个人特色。头部主播往往拥有多重身份，并且拥有生产优质内容的能力，个人风格强烈。许多主播会利用自身某一项技能或优势来完善直播内容。其次，学会利用其他平台建立"人设"。游戏主播若想打造个人 IP，就要学会为自己建立"人设"，并利用社交平台强化"人设"。

第六章
网络视频主播的管理规范

随着互联网技术的不断发展和移动客户端的普及，当今社会几乎人手一部智能手机，这也使得曾经信息的接收者摇身一变成了信息的传播者。只要拥有一部智能手机，随时随地都可以发布信息。

网络视频直播，由于其具有即时性、互动性、大众化、低门槛等特点，成为当下最受欢迎的信息传播方式之一。与此同时，直播软件数量也不断增多，人人都可以成为主播。这在给更多普通人提供自我展示平台的同时，也带来了主播质量鱼龙混杂的问题，所以规范主播行为成为各个直播平台把控直播质量最关键的一环。

第一节　规范主播行为，防范越界

一、主播注册及开播资质审查

当前，有很多主播在直播过程中存在违规操作，传播低俗内容。为杜绝此类现象的发生，首先从主播的注册和资质审查入手。

《互联网直播服务管理规定》第十二条规定：互联网直播服务提供者应当按照"后台实名、前台自愿"的原则，对互联网直播用户进行基于移动电话号码等方式的真实身份信息认证。以抖音、今日头条等平台联合发布的《平台直播自律白皮书》（以下简称《白皮书》）为例，主播在注册时需要进行如下操作：

第一步：填写用户身份信息，如真实姓名、联系电话、身份证号（B站直播注册界面如图6-1所示）。

第二步：签署主播签约协议。主播阅读完"主播签约协议"，明确自己的权利和义务后，点击同意协议。

图6-1　B站直播注册界面

第三步：利用芝麻认证，进行人脸识别，确保开播人和身份证持有人一致。

此外，平台除了严格规定"具备什么资质可以开播"之外，也对"什么资质的用户无法开播"制定了相应标准。在今日头条、抖音等直播平台上，以下用户不允许进行主播注册和开播：

① 不满十八周岁的未成年人；
② 港澳台、外籍人士（需向监管部门报备同意）；
③ 曾被列入身份证黑名单的用户。

由此可见，相关平台对主播注册及开播资质的管理正朝着精细化、严格化的方向发展。对于一些非媒体行业的从业者来说，想要取得开播资质，目前也有相应的主播上岗资质培训课程可供选择。

案例 1

近期，由国家广电总局广播影视人才交流中心、河南广电局共同主办的网络视听节目主持岗位师资队伍培训班在河南举办。

本次培训包含播音主持，网络视听节目资深策划、制作人，近 40 名学员提交了培训申请和试讲课件，内容涵盖了网络视听法规、播音员主持人职业道德建设、播音主持理论及实际操作、网络视听节目策划等。网络视听政策法规专家、高校教师等 27 名学员由河南广电局聘为河南省网络视听主持专业培训授课教师，针对网络平台机构、网络文艺表演、网络电子竞技、网络视频直播带货等网络视听节目主持相关内容进行了现场教学和实际操作培训。"短视频平台赢利模式及运营思路""闯过三道关，传统媒体人也能成为网红主播""新媒体内容产品设计与策划""提高职业道德直面网络挑战"等一批课程入选河南省网络视听主持岗位培训基础课程。

信息来源：河南省广播电视局（2020 年 8 月 10 日）

案例 2

近日，山东省网络视听主播培训在济南开班。该培训由主管部门、业内专家等联袂授课，采用官方平台讲解+草根网红实战案例的"1+1"授课模式，设置直播基地实践教学环节，学员被划分为 10 个小组进行"公益助农"直播实战，10位流量IP导师现场一对一指导。培训现场还组织多家平台方及MCN机构入驻，与学员面对面沟通，为学员提供交流和就业机会。

来自全省22家融媒体中心、网络视听媒体机构从业人员共110人参加了此次培训，共104名学员完成培训，获得结业证书。

信息来源：国家广播电视总局（2020年8月25日）

案例3

经考察调研和深入研究，中国商业联合会近期发布通知，要求由该会下属媒体购物专业委员会牵头起草制定《视频直播购物运营和服务基本规范》和《网络购物诚信服务体系评价指南》等两项标准。这是行业内首部全国性标准，将于7月发布执行。

据商务部统计，今年一季度，全国电商直播超过400万场，网络零售对消费的促进作用进一步提升。"直播带货"既有电视购物的节目形式，也有网络购物的邀约信息，还有广告代言的表现存在，产业链条比较复杂，对网络视频主播、内容发布平台、产品供应企业等相关参与者缺乏明确的管理标准和监管机制。

据介绍，通过制定实施两项标准，有利于引领和规范我国直播购物与网络购物行业的发展方向，杜绝直播行业乱象，重塑行业生态，提升新零售行业的技术管理水平，维护广大消费者利益。

信息来源：人民日报（2020年6月8日）

案例评析：通过以上三则案例不难发现，无论是国家广电总局还是中国商业联合会都开始严抓网络视频主播在直播过程中的行为规范，并制订了相应的培训方案，旨在提升网络视频主播在直播时的行为规范意识。

二、主播违规行为的监管和处罚

网络视频直播具有实时性强的特点，因而不能像提前录制的节目内容那样可以在审核后再进行发布。极强的互动性和极快的观众接收速度，对网络视频直播内容审核提出了违规内容必须实时阻断的技术要求。并发数多，网络视频直播平台主播数量庞大且流量高峰集中在晚间，短时间内大量直播同时进行，这些都给审核增加了难度。直播内容（主要包括个人昵称、头像、直播间封面、直播间背景、直播间标题、直播间贴纸、直播间行为）、视频主播身份、观众互动、直播间周边等都是直播内容审核的要素。近年来，直播平台不断升级审核技术，优化审核策略，且收到了良好的效果。

（一）直播内容监管方式

1. 机器审核

从 2015 年起，直播平台已经接近 200 家，用户数量已经达到 2 亿人，并呈几何级上升。大型直播平台每日高峰时段会有数万

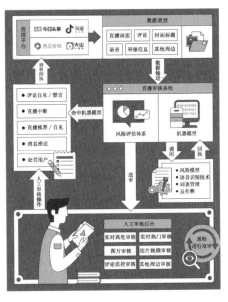

图 6-2 部分 App 内的直播审核流程

个直播"房间"同时在线，用户数可达上亿人次。如果用人工对全部直播同时进行审核，那么为了保证"无漏网之鱼"，至少需要数百人同时工作，并且每位工作人员需要配备 1~2 台监控设备。如此一来，不仅审核需要耗费大量时间和精力，而且审核过程中也会产生误差。[①]

如今，大数据技术应用已在各行各业普及，通过算法和人工智能技术可以将大多数违规直播的行为及时识别出来并予以禁止和处罚。此技术应用在直播审核工作中的主要方式为：通过神经网络视频理解模型、语音识别、智能关键词等技术，识别用户特征、内容特征等信息，推断出某个内容违规的概率，并把违规概率超过阈值的"疑似违规直播间"推给人工审核人员进行最后的判定，用"机器"帮助审核人员第一时间发现和锁定违规直播内容，保证直播内容审查的准确性和全面性。这就是所谓的机器审核。"机器"是多种审核模型的泛指与代称，模型实际上是一个拟合函数。

---

① 迟雨晴. 我国数字有声读物内容质量问题研究［D］. 南京：南京大学，2020.

2. 团队审核

通过人工智能技术对主播的违规行为进行排查，可以发现大部分问题，但仍有少部分"漏网之鱼"通过隐晦、间接的方式进行违规直播，这就需要后台工作人员进行人工审核，更有针对性地对机器发现的疑似违规直播间细致地进行逐个审核。而针对机器模型认定的不违规的直播画面，直播平台也有"机器兜底策略"：由人工复审团队抽检机器放出的直播画面，审核是否违规。

《白皮书》表明，基于直播具有实时传播特性，审核团队实行三班制，24小时不间断地对所有直播内容进行审核。直播平台还会不定期在公司内部的测试环境中放出部分违规内容，以测试机器审核技术和人工审核团队的处理速度与识别精度。直播审核人员会定期对审核标准和案例进行复盘及培训，并从多个维度进行考核，最大限度地保证对风险内容的识别和拦截。据悉，审核团队成员中本科及以上学历者已占到总人数的99%。

3. 用户举报

营造风清气正的视频直播间氛围，不仅需要平台自律，即平台自身要严格遵守相关法规制度，落实企业主体责任，不断夯实自律基础，而且需要平台积极接受社会监督，畅通举报渠道，健全受理流程。社会监督与平台自律相结合，内外形成一股合力，共同推动，才能形成良好的视频直播风尚。

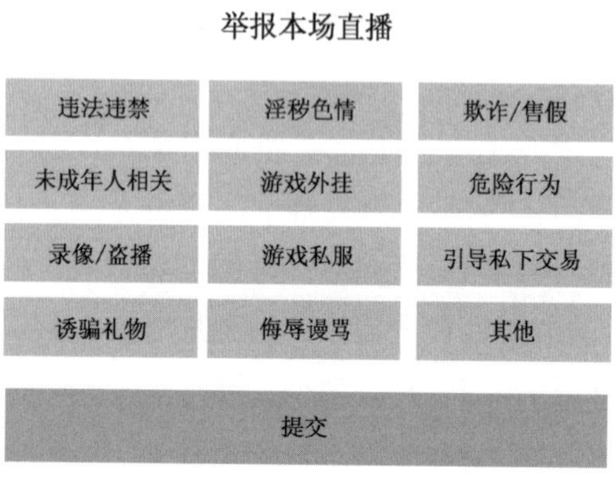

直播平台应当为用户提供多种社会投诉举报渠道，主动接受用户、社会公众的监督。今日头条、抖音等软件在App、官网页面都设置了便捷的投诉举报入口（图6-3），会有专门的运营人员处理投诉举报，其中约98%的用户举报将在12小时内受理完成，直播平台也会定期将处理结果向用户公示，告诫主播严格遵守直播行为规范。

图6-3 抖音App直播间用户举报界面

（二）违规行为处罚

1. 违规处罚项目

由于用户数量多，直播类型杂，涉及违规禁封的直播项目需要经过长期的审核和运营实践。同时，直播行业的发展十分迅速，新业态、新形势如雨后春笋，新问题也随之出现。因此平台要及时更新相应的违规处理判定和处罚规定。

通过长期实践，总结出各类违法、违规和违反社会公序良俗的直播行为主要集中在几大方面。下述内容均为直播平台严格予以封禁的内容。

（1）违法涉政

这类内容包括但不限于直播反党、反政府或带有侮辱、诋毁党和国家的行为，直播违反国家法律法规的内容。

（2）色情低俗

这类内容包括但不限于一切色情、大尺度、带有性暗示的直播内容，其他低俗、违反公序良俗的行为。

（3）衣着不当

这类内容包括但不限于裸露上身、穿着露乳沟的上装、大面积裸露文身。

（4）辱骂挑衅

这类内容包括但不限于各种破坏社区氛围的言行。

（5）封建迷信

这类内容包括但不限于宣传封建迷信思想、直播迷信活动。

（6）侵权行为

这类内容包括但不限于直播没有转播权的现场活动、录屏直播没有版权的视听内容。

（7）违规广告

这类内容包括但不限于出售假冒伪劣和违禁商品，使用一些违反广告法的夸张和绝对化用语推销，以各种形式引导用户私下交易。

（8）对未成年人的有害行为

这类内容包括但不限于让未成年人进行单独直播、消费或充值。

(9) 其他行为

这类内容包括但不限于直播车祸、矿难等事故场景，让精神疾病患者等无完全民事行为能力的人单独直播。①

2. 违规处罚措施（主播违规分级处罚措施）

如果主播在直播过程中涉及上述违规行为，那么对于违规内容，直播平台将始终采取高压措施，查处后一经核实，会根据违规情节严重程度进行分级处罚。情节严重、屡教不改者将被永久封号。

对于不同情节的违规直播，不同平台会进行等级划分，不同等级也对应着不同的处罚政策。以《白皮书》为例，直播中的违规事故情况一共被划分为八个等级（表6-1）。

表6-1 直播中的违规事故等级

事故等级	处罚方式
封面/标题违规	不通过
事故一级	内容警告
事故二级	中断
事故三级	封禁一天
事故四级	封禁三天
事故五级	封禁七天
事故六级	封禁三十天
事故七级	永久封禁

在长期的直播数据积累中，平台对主播的直播行为形成了一套针对账号质量的评级方法。账号的评定结果将直接作用于平台的内容推荐策略。其目的在于提高优质账号的曝光率，打压、抵制低质量账号，促进形成良性循环的内容生态环境。

安全评级不仅仅基于主播违规次数这一维度，还包括多个维度，如用户喜好程度、直播间画风、直播话题敏感度、主播类型、开播时长、用户

---

① 刘颖. 论网络直播的风险监管 [D]. 武汉：中南财经政法大学，2020.

举报等，使评级更具公平性和说服力。同时平台会为每个主播动态计算出直播安全程度，并进一步分级。在向用户推荐时，平台将推荐安全级别高、内容质量优的主播。

除事故评级外，《互联网直播服务管理规定》第十五条规定：互联网直播服务提供者应当建立互联网直播发布者信用等级管理体系，提供与信用等级挂钩的管理和服务。直播健康分制度，即针对主播建立的信用等级管理体系，健康分相当于主播的"个人信用分"。健康分总分为12分，按照主播的违规程度进行扣分，按有效开播天数进行加分。当月直播健康分累计扣分达到处罚等级会触发相应的流量惩罚。流量惩罚在主播直播结束后自动生效。在受处罚期间，主播将损失用户关注度和打赏收入。奖惩制度双管齐下，既能保障优质主播的曝光率，又能使低质量主播受到应有惩罚。

案例4

2019年4月，松江警方接到一起报案。报案人称其于4月11日通过珍爱网认识一直播平台女主播，后对方以与平台解约，承诺拿到平台佣金后返还为由，骗取报案人钱款共计4万余元。

接到报案后，警方立即开展侦查。原来在2019年4月至5月，杨某、程某、钟某合伙成立公司，在蜂窝网平台开设视频直播间，招募主播和业务员，通过上述方式实施诈骗，先后骗取受害人共计4.4万余元。

顺线继续侦查，警方发现，该企业投资人程某、钟某原为另一网络公司业务员，熟悉类似的诈骗业务流程后，创立企业实施团伙作案。该网络公司曾在"乐趣""一嗨么"等网络平台开设视频直播间，招募多名主播和业务员实施诈骗，先后骗取受害人共计17.2万元，涉及受害人众多。

松江法院指出，业务员通过微信平台冒用主播的姓名、头像等个人信息，与受害人进行聊天，并对接主播，与被害人进一步进行语音、视频聊天，建立虚假的恋爱关系并暗示可以线下发生性关系，受害人将钱打赏给业务员后，业务员多以身体不便、闺蜜约会等各种理由推脱，并将受害人拉黑，以此骗取钱财。

上述案件的作案人均被警方抓获，松江法院审理后以诈骗罪对涉案的被告人进行相应判罚。松江法院法官提醒，近年来网络视频直播诈骗案件比例较往年有所增加，此类网络诈骗案件投资成本少，来钱容易，只需要注册网络平台账号并聘请主播即可作案。市民们要注意甄别和提防网络平台虚假信息，通过正规途径谈恋爱，切勿轻易通过网络转账或消费，避免上当受骗。

来源：澎湃新闻

案例 5

国家网信办会同相关部门对 31 家主要网络视频直播平台的内容和生态进行了全面巡查，其中有 10 家网络视频直播平台因为存在传播低俗内容等问题被约谈。然而，记者发现，包括被约谈的平台在内的一些直播网站，低俗涉黄问题依然存在。

其中一个直播平台，大量主播都在进行色情直播。有的是直接裸露身体敏感部位，有的则是通过语言和肢体动作引诱网友打赏。另外，这家平台还在色情直播的同时，推广非法赌博活动"六合彩"。

直播平台深夜变天

在一个叫作"夜魅社区"的直播平台，记者发现在白天时段，平台里的直播内容基本上以唱歌、聊天为主，但一到晚上 10 点以后，社区里的直播内容就变了味。

在这个平台的一个聊天室里，这位主播不但网名露骨、衣着暴露，不断怂恿网友最低充值 100 块刷礼物、加微信，而且还声称会给网友发送更加精彩的节目。

"夜魅社区"主播：哥哥，你看一眼你的私信。

果然，这位主播在收到礼物之后，就在第一时间通过私信发来了个人微信号。添加之后，主播马上发来多段色情视频。

为了得到更多打赏，这位主播在私聊过程中，又连续发出更多的淫秽视频，同时还向网友预告第二天同一时间还有更多的所谓"精彩"内容。

和涉黄直播平台相比，微博上的所谓"精品"内容则是 24 小时在线。

在这个叫作"一只笨蛋小丫头"的微博首页，记者发现，帖子每天都会更新。内容多是一些格调低俗、富有挑逗性的美女照片。在页面左边的相册中，博主还直接贴出了黄色影片的视频截图。另外，有的帖子还有黄色网站链接。网友点击以后可以迅速跳转到黄色网站，这些网站甚至含有涉及未成年人的淫秽视频。

来源：央视新闻

案例 6

一次性吃掉 10 碗鸭血粉丝汤、20 个汉堡包、7 斤牛排、100 斤小龙虾、500 串鱿鱼……美食主播在镜头前表演吃播，吸引大量网友观看。不过，这种以“大胃王”猎奇性质的表演受到了谴责。央视批评了“大胃王吃播”行为，称此举浪费严重，误导消费。不少直播平台增加相关提示，一些平台在搜索相关关键词时增加“拒绝浪费”的提示性词汇，有的则将根据情节严重程度，给予删除作品、关停直播、封禁账号等处罚（图 6-4）。

来源：中国青年报

中国演出行业协会网络表演(直播)分会
Online Live Performance (Streaming) Branch - China Association of Performing Arts

网络表演（直播）行业主播黑名单
（第七批）

为净化网络文化环境，维护行业生态有序、良性、健康发展的秩序，根据《互联网文化管理暂行规定》《网络表演经营活动管理办法》《互联网直播服务管理规定》等相关法律法规，依照《网络表演（直播）行业主播“黑名单”管理制度》《黑名单认定工作流程》，由中国演出行业协会网络表演（直播）分会会员企业主动上报，经分会内容评议委员会审核、会长联席会审议确认，47 名主播涉嫌从事违法违规活动，列入主播黑名单，行业内禁止其进行注册和直播，封禁期限五年。

现面向社会公布名单如下：

序号	昵称	姓名	身份证号
1	椒盐土豆条	于*波	150*************97X
2	六月想带上小皇冠	董*歌	410************020
3	聚点	陈*鑫	411************329
4	YY 户外王小陶新主播求关注	王*	211************410
5	大冬很哇塞	吕*洋	411************71X
6	SuJXue	张*	152************141
7	石头梦到溪水	徐*强	411************212
8	朴大树	邓*	511************157
9	烽子 666	陈*	320************337
10	咸鱼与骚白	罗*贵	522************419
11	123456fgergergrr	袁*	622************718
12	福州小赖哥	赖*涵	350************013

1

序号	昵称	姓名	身份证号
13	想念远方的爱	罗*平	362************114
14	旺仔是罪人	苏*从	350************037
15	用户 94149447	闫*	412************838
16	狂树	蔡*峻	511************892
17	爱、BOSS 吖	王*	320************272
18	z 长风	周*峰	420************039
19	用户 7437319037	陆*吉	131************414
20		陈*玲	430************029
21	鬼手狂刀	曾*	370************416
22	海南阿果 2 号直播间	阿*日	632************515
23	潍坊轩妹	王*	370************329
24	海南拉毛	看*措	632************021
25	迷鹿*	钟*	362************841
26	Miss 哈尼*	李*静	630************04X
27	秋水	丁*心	370************021
28	啾啾、助眠	胡*丹	511************261
29	墨玖e助眠	鉴*玉	420************220
30	小鹏鹏的小璐璐看好了	高*	130************149
31	狐翡 e45	陈*兰	140************422
32	无 怨 无 悔	罗*秀	511************348
33	MobU57936n	凌*子	440************473
34	妮妮很可爱呀	张*	610************237
35	小雪 21226	何*玲	360************622
36	鹤鹤	赵*晨	430************512
37	深夜发撸	梁*	530************012
38	李寻欢新人求关注	穆*燕	232************184
39	郎无五武	石*宇	152************614
40	思念、诠释你我的距离、	王*	130************219
41	□娜娜□□□o822c0dr04	汪*	230************561
42	方敏 511955527	方*敏	211************221
43	逐梦少年 200610	许*峰	211************011
44	硬哥	王*豪	130************918
45	只属于你	叶*辉	310************419
46	莹 Boss.	崔*	211************027
47	攀花	顾*	320************055

上述主播如对被列入“黑名单”有异议，可以在 20 个工作日内向分会秘书处进行申诉。

欢迎社会监督。

2

图 6-4 “黑名单”主播

案例评析: 通过以上案例不难看出,当前网络视频直播存在着传播不良信息、虚假广告等现实情况。首先,国家层面要重拳出击,打击此类行为,规范网络视频直播的环境。其次,网络视频直播的从业者不能把自己的职业规划停留在谋取利益的层面,而应树立正确的择业观和金钱观。最后,作为网络视频直播的观众,我们应该选择健康、积极向上的视频观看。

第二节　规范平台规则,防范侵权

一、保障用户隐私权

关于公民的隐私权,《中华人民共和国民法典》中规定:隐私是自然人的私人生活安宁和不愿为他人知晓的私密空间、私密活动、私密信息。自然人享有隐私权。任何组织或者个人不得以刺探、侵扰、泄露、公开等方式侵犯他人的隐私权。个人信息是以电子或其他方式记录的能够单独或者与其他信息结合识别特定自然人的各种信息,包括自然人的姓名、出生日期、身份证件号码、生物识别信息、住址、电话号码、电子邮箱、健康信息、行踪信息等。

在主播直播的过程中,由于网络视频直播的即时性和互动性,即使镜头中出现了关于用户隐私的内容,相关人员也无法进行镜头剪切。这带来的后果无法估量。一个孤立的摄像头,尚不能造成个人隐私泄露,但随着这类直播越来越多,形成规模效应,不法分子利用大数据及面部识别技术,就可能将一个人某一时间段的生活轨迹完整勾勒出来,或将用户的更多个人隐私如同人肉搜索一般暴露在网络中,后果可想而知,这也是这类直播的潜在危害。而民事维权对原告(用户)的举证义务要求较高,如侵权造成的损失怎么计算,10秒泄漏个人隐私的直播画面造成的损失是多少。较高的维权成本,导致现实中因被侵犯隐私权而获得赔偿的案例非常少。对此,国家网信办发布了《互联网信息内容管理行政执法程序规定》。

在用民事手段维护隐私权成本极高的情况下，针对这种普遍性侵权行为，用行政手段集中监管和处罚，或许是一种更有效的方式。

二、保障用户肖像权

关于公民的肖像权，《中华人民共和国民法典》中规定：肖像是通过影像、雕塑、绘画等方式在一定载体上所反映的特定自然人可以被识别的外部形象。未经肖像权人同意，肖像作品权利人不得以发表、复制、发行、出租、展览等方式使用或公开肖像权人的肖像。①

而在全民直播的时代，用户的隐私保护意识并没有跟上信息传播的速度。随处可见的手机、相机可能使用户在毫不知情的情况下就成了一些户外主播直播间中的一道亮丽的风景线。这势必会导致类似的侵权问题越来越多，需要引起高度重视。

当个人的隐私权益受到侵犯时，应该积极发出自己的声音，拿起法律武器维护自身正当权益。消费者有权要求侵权者停止侵害、消除影响、赔礼道歉、赔偿损失等，也可向消费者协会、工商部门举报投诉，或依法向法院提起诉讼。对在公共场合如酒店、餐厅偷拍偷录等行为构成侵犯他人隐私权，造成恶劣影响的，还可追究刑事责任。因为商家和网红主播的最终目的都是营利，如果未经允许就让他人在直播画面中出现，无疑构成了对他人肖像权的侵犯。各网络视频直播平台应对播出内容进行审核，直播者也应注重对他人肖像权、隐私权的保护，采用打马赛克等技术方式处理。

三、保障消费者权益

2020年以来，新冠肺炎疫情对实体经济的冲击加速了电商直播破圈发展，直播带货作为无接触销售模式也就展现了其巨大的市场价值和社会效应。足不出户的可视化购物体验和极具诱惑力的销售策略吸引了越

---

① 季嘉焱，焦雨莼. "互联网+"摄影：约拍平台的网络信息安全探究［J］. 软件，2021，42（9）：113-115.

来越多的消费者加入直播购物大军中。中国互联网络信息中心发布的第 46 次《中国互联网络发展状况统计报告》显示，截至 2020 年 6 月，我国网络购物用户规模达 7.49 亿人，占网民整体的 79.7%；手机购物用户规模达 7.47 亿人，占手机网民的 80.1%。①

而直播带货火热的背后也存在着许多问题。中国消

图 6-5　直播带货

费者协会 2020 年开展了网络视频直播侵害消费者权益类型化研究，将直播带货中存在的问题进行了如下分类：虚假宣传、退换货难、销售违禁产品、利用"专拍链接"误导消费者、诱导场外交易、滥用极限词、直播内容违法，这些都对作为消费者的用户自身的权益造成了侵害，具体表现形式如下。

1. 虚假宣传

中国消费者协会发布的《直播电商购物消费者满意度在线调查报告》显示，消费者对直播购物中宣传环节满意度最低，仅为 64.7 分。其中，虚假宣传是重要的考核指标。根据虚假宣传内容的不同，网络视频直播销售中的虚假宣传包括图文不符（推荐产品与实物不一致）和夸大宣传（毫无根据地夸大产品功效）两类。比如，某主播在电商平台直播间销售某品牌脱毛仪，消费者购买后反映该产品存在版本不一致的问题，实际收到的产品不是主播宣称的含蓝光消毒功能的版本。

2. 退换货难

直播带货作为新型网络购物方式，应提供七天无理由退换货服务。但

---

① 中国互联网络信息中心. 第 46 次《中国互联网络发展状况统计报告》[EB/OL].（2020-09-29）[2021-04-27]. http://www.cac.gov.cn/2020-09/29/c_1602939918747816.htm.

在现实中，某些网络视频直播电商出于各种理由不遵守该规定，因拒绝售后、限制退货、拒绝退货等问题导致的消费纠纷频发。例如，一位消费者通过某直播平台以 1 000 多元的价格购得两件皮衣，收货后发现皮衣与直播间所展示的完全不一样。当消费者申请退款时，主播不仅没有同意，还将该消费者拉黑。

3. 销售违禁产品

网络视频直播电商推销的各类商品无奇不有，甚至为违禁品销售提供土壤。一些在线下禁止出售、限制出售的物品，悄然通过网络视频直播电商流入市场。比如，某些直播电商公然销售野生动物；直播电商不具有相应资质，随意销售处方药；某些直播电商销售假药，直接危害消费者的身体健康；等等。

4. 利用"专拍链接"误导消费者

目前，某些网络视频直播电商违规利用"专拍链接"误导消费者。"专拍链接"是卖家专门设置的货物购买链接。有的链接内缺乏商品详情介绍。直播间所销售商品没有明确的商品详情页对商品性状、质量、参数进行准确描述。电商仅提供了秒杀链接、邮费链接甚至只是价格链接等不能说明商品特性的商品链接。有的商品和链接描述严重不符。

5. 诱导场外交易

网络视频直播电商场外交易是指主播在直播间内通过语言、文字、图形、动画、动作等方式，直接或间接引导消费者转入原网络视频直播电商平台以外的微信等社交软件平台进行交易。对于场外交易，消费者维权时往往在举证能力、主体认定、责任分担等方面存在较大困难。例如，消费者王某通过某直播平台，在许某直播间观看直播并添加微信，然后转账 4 000 多元购买某款苹果手机。收货后，王某发现该手机为山寨机，要求退款时，许某已将其拉黑。

6. 滥用极限词

极限词是指类似"最佳""第一""顶级"等极端描述性的词语。这类词语本身没有统一的评价标准，极有可能夸大产品的功能和价值，对消费者造成误导。在网络视频直播电商中，处于信息劣势地位的消费者往往在"限量秒杀"等言语引导下"冲动消费"。

7. 直播内容违法

网络视频直播电商具有"电商"与"直播"两种属性。作为一种新兴业态,目前的直播内容良莠不齐,直播内容违法也成为侵害消费者权益的类型。某些电商直播时为提高人气、吸引流量,博得资本青睐,频频出现色情或低俗内容。据梳理,相关违法内容主要包括:① 低俗色情。部分主播为了吸引流量,提高收看率,在直播中穿着暴露,进行低俗表演。② 不当言论。部分主播文化水平有限,知识严重欠缺,在直播中口无遮拦,甚至发表不利于社会稳定和民族团结、有损国家尊严的言论。

案例 7

2021 年 6 月,北京海淀法院宣判了全国首例认定直播带货场景下的直播平台为电商平台的商标侵权案。该案中,赛饰贸易(上海)有限公司发现莱州市弘宇工艺品有限公司在抖音平台售卖带有"AGATHA"字样和其特定图标的手提包,以侵害商标专用权为由,将弘宇公司、北京微播视界公司诉至法院。法院一审判决弘宇公司赔偿原告经济损失 30 万元及合理开支 10 598 元;被告微播视界公司因对被诉行为已尽到合理注意义务,不应承担责任。

来源:北京青年报

案例 8

2019 年"五一"期间,家住西安城西枣园路附近的张先生和楼下一家网红餐厅起了争执。张先生说:"放假期间这家网红餐厅生意特别好,我和家人吃饭时看到服务员拿手机拍大家吃饭的样子便出声制止,服务员说餐厅正在平台上直播,让我不要争吵。""餐厅在我不知情的情况下,在某直播平台上直播包括我在内的多位食客吃饭的样子,我认为该餐厅侵害了我的肖像权。"张先生说。

在"全民直播"时代,直播已经不仅仅只是一些年轻人的娱乐方式,也不仅仅是一些网红通过直播谋利的方式,而是有了更多的商业考虑在内,形成了复杂的商业形态。在某知名视频直播平台上有很多商家的直播画面，从视频内容来看，有的餐厅为了店面宣传，直播食客吃相，引发网友围观。

这些以公共场所为背景的直播，往往只有进行直播的单位或人员知情，而那些在直播镜头中出现的人却完全不知情。他们都在不知不觉中充当了别人直播的"群众演员"，成了帮助一些商家扩大影响、招揽生意的"道具"。相信绝大多数人都会像张先生一样，难以认同商家的做法。

这种在公众完全不知情的情况下进行的网络视频直播，不但涉及道德和伦理问题，而且也牵涉法律问题，存在侵权的嫌疑。从伦理道德角度来看，我们在吃饭休息的时候，难免会有一些不太雅观的表现，自己肯定不想让陌生人看到，但是现在却被商家通过隐藏的摄像头向全国的网友直播，甚至成为被网友调侃、取笑的对象。从法律角度来看，如果商家直播是为了扩大影响力，则具有营利目的，就侵犯了被直播者的肖像权。即使商家不以营利为目的，在未经当事人同意而使用他人肖像的行为中，除非具有正当合法的事由，如新闻报道、公安机关"通缉令"等，否则也同样构成侵犯肖像权。

有些商家或单位，并不知道此举违法，这说明在"全民直播"时代，我们的隐私保护意识并没有跟上信息传播发展的速度，这势必会导致类似侵权问题的高发、频发。作为公民，应该向新闻中的张先生学习，当自己的隐私权益受到商家的侵犯，就积极发出自己的声音，必要的时候拿起法律武器积极维权，这是对商家的一种警醒，也是一种普法。当这样的公众越来越多，客观上就会对商家或个人的直播行为带来约束力量。

来源：新华网

案例9

2020年9月安阳市滑县人民法院被执行人朱某因擅自使用他人头像进行网络视频直播，为自己的侵权行为买了单。

李某与朱某曾系同学关系，二人也是微信、QQ平台上的好友。朱某擅自使用李某的照片作为自己的头像，通过快手、QQ平台进行表演或者发布作品，获得粉丝、点赞和红心。且朱某的两个快手小号均因直播涉及违规内容"上身着装不雅"，直播间被关闭，该快手平台头像亦是李某的照片，观看直播人数达 2 万余人，点赞数 3.5 万次。

　　李某得知朱某使用自己的照片发布作品后，多次要求朱某停止使用，朱某非但未停止，反而将李某的微信拉黑。

　　李某无奈将朱某诉至安阳市滑县法院，经审理，安阳市滑县法院判令朱某停止侵犯李某肖像权的行为；在快手、微信、QQ 等平台上刊登致歉声明，该声明需连续登载三十日；并赔偿李某精神损害抚慰金 2 万元。朱某未在生效法律文书限定的期限内履行法律义务，李某遂申请强制执行。

　　时间越长，对申请人造成的负面影响越大，必须迅速行动，快马加鞭。案件进入执行程序后，安阳市滑县法院第一时间对被执行人提起财产查控程序，未发现被执行人朱某名下有可供执行的财产。执行干警齐孝东多次电话联系被执行人朱某，但朱某每次均匆匆挂断，不肯接听电话。齐孝东又多次前往朱某家中，均未找到其本人。朱某的父母得知事情原委后表示，朱某在外地工作，长时间不与家中联系，如果能够联系到朱某，一定劝说她积极配合工作。

　　"齐法官，我发现了被执行人的线索。"正当干警齐孝东愁眉不展时，电话里传来申请人李某兴奋的声音。原来，申请人李某在刷快手视频时，发现了被执行人朱某在安阳市滑县某商场附近直播，干警齐孝东判断朱某从外地回来不久，应该会回家探望父母，当即驱车火速前往，将朱某堵在了家中。

　　在干警的耐心敦促及父母的亲情感化下，朱某终于向李某承认了错误，在平台上发布致歉声明，李某念及昔日同学情谊原谅了朱某，双方达成执行和解协议，朱某分期履行 2 万元精神损害赔偿金。

来源：映象网

　　案例评析：通过以上三则案例不难看出，在网络视频直播大热的背景下，存在着很多侵权行为。首先，通过案例发现很多侵权方都存在着法律意识淡薄的问题，意识不到自己的侵权行为。其次，很多人当自己的合法权益受到侵犯时也意识不到，更不知道如何去维护自己的合法权益。这就要求，在这个"全民直播"的时代，我们既要成为善用"直播"的信息制造者，更要在面对侵权行为时懂得合理进行自我维护。

第三节　未成年用户保护机制

随着数字时代的到来，互联网原住民的年龄越来越小，青少年逐渐成为网络用户的主力军。而未成年人是一个特殊的网民群体，由于其心智发育未成熟，所以较成年人来说，其辨别是非的能力较弱，也更容易受到作为"意见领袖"的主播的影响。未成年人的成长环境与其所处的网络环境息息相关。让未成年人健康成长是社会各界不可推卸的责任。各个直播平台正努力为青少年打造一个绿色的网络视听空间。

大多数平台会设置青少年模式。青少年模式开启后，用户无法开播、看直播、充值、打赏、提现。用户每日首次登录时，可根据弹窗提示选择开启青少年模式。

以抖音为例，抖音青少年模式开启前，用户可通过"Live"按钮进入直播广场。青少年模式开启后，Live 直播入口和直播大厅被隐藏，画面显示目前处于青少年模式，平台加权推送适合青少年观看的内容，如英语教学、自然科普等内容。此外，在精选的青少年课程知识、科普类等教育益智性内容的基础上，平台增加了生活实用技能、休闲类等寓教于乐的精品内容，并对知识科普类、传统文化类视频进行加权推荐，鼓励传播更多适合未成年人的优质短视频内容。青少年模式开启后，钱包功能即被封锁，用户无法进行打赏、充值、提现等操作。这样能防止青少年擅自动用父母资金进行消费。若青少年模式没有开启，系统也可给未成年人喜爱的视频内容打上标签。对此类内容感兴趣的人会被视觉模型圈定为"高度疑似未成年人"。目前，抖音可分出 300 多种不同类型的视频内容，其中包含各类未成年人喜爱的内容。在此基础上再结合用户在 App 内填写的年龄信息和关注人的年龄信息，抖音可做到 90% 以上的识别精准度。

近年来，关于未成年人打赏的新闻频发。很多未成年人都是在无家长看护的情况下，擅自动用父母账户资金在直播平台充值、打赏主播，造成了不良的社会影响。按照"谁主张、谁举证"的原则，提供客观、充足的证据来证实这些实际操作是未成年人而非其父母实施的,在司法实践中属于难点。涉及未成年人消费行为,只要用户提供一定资料,直播平台核实后都会无条件退还平台所得收入,并协助联系被打赏主播退回收入。

案例 10

疯狂打赏男主播,13 岁少女两月败光父母 25 万元。25 万元能花多久?家住上海的 13 岁女孩小苏(化名)只"撑"了两个月!近日,以学习为由,小苏(化名)用妈妈手机偷偷给自己喜欢的网络视频主播打赏,两个月就花了 25 万元。

大年初三(1 月 30 日),家住上海的孙女士打开微信支付功能,却突然发现自己微信钱包中少了 2 万元。一开始孙女士以为是自己手机遭到黑客攻击,钱被盗刷。谁知一查微信支付绑定的银行卡余额才惊觉,自己的 25 万元血汗钱竟然也"不翼而飞"了!

孙女士立刻找到自己微信支付的明细,发现从 2016 年 12 月 25 日开始,自己的钱就陆续通过微信支付的方式转给了腾讯公司。通过孙女士晒出的微信支付明细,收款方也明确标写"腾讯公司",且平均每天都有两三次的交易,最多甚至能达到五次。每次支出的数额不等,最多一次数额竟达到 9 500 元,支出最少的金额也有 121 元。

钱为什么会莫名其妙地转给腾讯公司?孙女士夫妇百思不得其解。而 13 岁女儿的反常表现,让孙女士开始把怀疑的目光转向女儿。在父母的追问之下,13 岁的小苏最后不得不承认是自己偷用家长的手机,并通过腾讯"全民 K 歌"App 购买了大量 K 币打赏给一位名叫"杨光"的男主播,同时也在该男主播的 QQ 粉丝群中撒了多个红包。然而被问及自己到底给这位男主播打赏了多少钱时,小苏则表示已经记不清了。

25 万元巨款就这么被女儿悄无声息地打赏给了主播,这让孙女士怎么也无法理解。孙女士告诉记者:"两个多月,我没有收到任何银行的短信提示,可能是被孩子给删了。"孙女士甚至猜测,是这名叫"杨光"的主播偷偷告诉自己的女儿怎么"瞒天过海"的,不然孩子怎么可能知道要这么做,她还那么小。

事情发生后，孙女士没有打骂孩子，而是希望坐下来和孩子平静地聊聊，可孩子的态度让孙女士很不是滋味。孩子现在也意识到事情的严重性了，但是到现在她也不愿意跟我说她是什么时候认识这个主播的，之前他们到底聊了什么内容？是谁让她打赏的？孙女士知道自己的孩子在课余时间会玩手机，她觉得这是学习之外的放松娱乐，便没有禁止，却没想到孩子用自己的血汗钱在"疯狂"打赏男主播。

来源：中国青年网（2017年2月9日）

案例11

生于2002年的刘某初中辍学后，用父母的近160万元钱打赏直播平台主播，后来诉至法院要求返还。这是最高法院今年公布的未成年人司法保护典型案例中的一起。

2018年10月23日至2019年1月5日，刘某使用父母用于生意资金流转的银行卡，多次向某科技公司账户转账用于打赏直播平台主播，打赏金额近160万元。刘某父母得知后，希望某科技公司能退还全部打赏金额，遭到该公司拒绝。后刘某诉至法院要求某科技公司返还上述款项。

法院在审理该案中，多次组织双方当事人调解，经过耐心细致的辨法析理，最终当事双方达成庭外和解，刘某申请撤回起诉，某科技公司自愿返还近160万元打赏款项并已经履行完毕。

来源：北晚在线（2021年3月3日）

案例评析：司法实践中涉及的网络打赏、网络游戏纠纷，多数是限制行为能力人，也就是8周岁以上的未成年人。这些人在进行网络游戏或者打赏时，有的金额达几千元甚至几万元，这显然与其年龄和智力水平不相符合。在未得到法定代理人追认的情况下，其行为应当是无效的。

参考文献

[1] 罗弘道,刘玉峻. 跨世纪中国广播电视改革与发展[M]. 北京：中央广播电视大学出版社,1994.

[2] 李桃. 网络主持发展简史[M]. 北京：科学出版社,2018.

[3] 王瑾. "直播热"：全民狂欢背后的反思[J]. 新闻研究导刊,2016,7(18)：339,341.

[4] 国家互联网信息办公室负责人就《网络直播营销管理办法(试行)》答记者问[EB/OL]. (2021-04-23)[2021-04-27]. http://www.cac.gov.cn/2021-04/22/c_1620670982981264.htm.

[5] 2020年中国直播行业分析报告：产业供需现状与发展前景研究[EB/OL]. (2021-01-11)[2021-04-27]. http://baogao.chinabaogao.com/wangluomeiti/436757436757.html.

[6] 中国互联网络信息中心. 第46次《中国互联网络发展状况统计报告》[EB/OL]. (2020-09-29)[2021-04-27]. http://www.gov.cn/xinwen/2020-09/29/content_5548175.htm.

[7] 彭祝斌,陈俞颖. 网络直播中的形象呈现及其视觉伦理[J]. 江西社会科学,2020,40(5)：240-246.

[8] 曾鹏. 新形势下新媒体直播技术的发展[J]. 新媒体研究,2018,4(4)：35-36.

[9] 张秀钟. 融媒体时代新媒体直播技术的发展[J]. 科技传播,2019,11(4)：88-89.

[10] 刘丹凌. 形象的焦虑：数字美颜、自我物化与后人类剧目[J]. 西北师大学报(社会科学版),2019(4)：48-55.

［11］王春枝. 参与式文化的狂欢：网络直播热潮透析［J］. 电视研究，2017（1）：83-85.

［12］艾媒咨询. 在线直播行业：用户规模将破5亿，下半场竞争将聚焦下沉市场［EB/OL］.（2019-12-10）［2021-04-27］.https：//baijiahao.baidu.com/s？id=1651160325228687195&wfr=spider&for=pc.

［13］方瑶瑶. 关于社交媒体营销的人际传播研究：以微信为例［J］. 新闻研究导刊，2016，7（15）：309-310，365，296.

［14］黄孝俊. 组织传播的研究模式及思考［J］. 浙江大学学报（人文社会科学版），2001，31（5）：112-117.

［15］祁婉君. 大河网App"眼遇"的社群化运营研究［D］. 郑州：河南工业大学，2017.

［16］曾一果，朱赫. 记忆、询唤和文化认同：论传统文化类电视节目的"媒介仪式"［J］. 现代传播，2019，41（3）：92-98.

［17］李淼. 空间、地点与定位媒介：移动新媒介实践中的城市空间再造［J］. 西部学刊，2018（8）：19-21.

［18］李思屈. 当代传播符号学发展的三种趋势［J］. 国际新闻界，2013，35（6）：24-31.

［19］艾媒咨询. 2018—2019中国在线直播行业研究报告［EB/OL］.（2019-01-23）［2021-04-27］.https：//www.iimedia.cn/c400/63478.html.

［20］周怡. 身体的规训与消费：网络直播下女性形象的异化［J］. 新余学院学报，2020，25（1）：83-87.

［21］秦洋洋. 消解与重塑：泛娱乐直播平台中女性主播的形象解读［J］. 绵阳师范学院学报，2018，37（12）：47-54.

［22］吴颖. "看"与"被看"的女性：论影视凝视的性别意识及女性主义表达的困境［J］. 浙江社会科学，2012（5）：145-148，160.

［23］季夫萍，李艳华. 身份建构：人格、欲望、物化：网络直播中女性形象的媒介表达［J］. 电影评介，2017（20）：84-86.

［24］王婷，刘乾阳. 网络视频直播空间中青年女性的自我建构与身份认同［J］. 当代青年研究，2019（4）：97-103.

[25] Erving Goffman.The Presentation of Self in Everyday Life[M]. New York：Doubleday & Company,Inc.,1959.

[26] 王晴锋．身体的展演、管理与互动秩序：论欧文·戈夫曼的身体观［J］．西华大学学报（哲学社会科学版），2019，38（4）：35-42．

[27] 王超．奇观症候、日常化表演与交互主体性：直播和短视频中的身体表演［J］．新闻爱好者，2020（6）：68-71．

[28] 让·鲍德里亚．符号政治经济学批判［M］．夏莹，译．南京：南京大学出版社，2015．

[29] 让·鲍德里亚．消费社会［M］．4版．刘成富，全志钢，译．南京：南京大学出版社，2014．

[30] 王宁．社会转型时期的消费与消费者［G］//李强．中国社会变迁30年．北京：社会科学文献出版社，2008．

[31] 齐志明．直播带货不能"带祸"［N］．人民日报，2019-11-27（19）．

[32] 郭全中．中国直播电商的发展动因、现状与趋势［J］．新闻与写作，2020（8）：84-91．

[33] 张志安．直播带货中的传播学启示［J］．新闻与写作，2020（9）：1．

[34] 肖珺，郭苏南．算法情感：直播带货中的情绪传播［J］．新闻与写作，2020（9）：5-12．

[35] 刘扬．媒介·景观·社会［M］．重庆：重庆大学出版社，2010．

[36] 汪金汉．"劳动"如何成为传播？：从"受众商品"到"数字劳工"的范式转变与理论逻辑［J］．新闻界，2018（10）：56-64．

[37] 张小强，李双．网红直播带货：身体、消费与媒介关系在技术平台的多维度重构［J］．新闻与写作，2020（6）：54-60．

[38] 张爱军，秦小琪．网络政治意识形态传播的动力、特性及其规制［J］．湘潭大学学报（哲学社会科学版），2019，43（1）：157-162，192．

[39] 闫斌．网络直播行业的法律风险与规制［J］．社科纵横，2019，

34（2）：75-79.

[40] 符琳. 社会责任理论视角下网络主播的失范问题及其对策研究[D]. 武汉：华中师范大学，2019.

[41] 陈淼，张捧. 谈媒介生态环境中网络主播的媒介素养[J]. 青年记者，2019（17）：75-76.

[42] 郝君怡. 热门网络主播的身份特征分析[J]. 中国广播电视学刊，2018（2）：70-74.

[43] 周瑞. 基于互动仪式链理论的网络直播互动分析[J]. 西部广播电视，2017，9（17）：27-28.

[44] 干枘鑫. 互动仪式链视域下斗鱼《英雄联盟》直播的互动效果研究[D]. 武汉：武汉体育学院，2020.

[45] 黄晋贤. 网络直播语言特点概述[J]. 读天下，2018（15）：274.

[46] 宋丽莎. 网络游戏直播中主播与粉丝的互动特征研究[D]. 长沙：湖南大学，2019.

[47] 王子涵. 抖音网红带货问题及对策分析[J]. 新媒体研究，2020，6（6）：48-49，54.

[48] 石珍，祝锡永. 电子商务直播现状及营销发展研究[J]. 经营与管理，2021（5）：48-52.

[49] 张振卿. "网红"直播存在问题及对策[J]. 海南广播电视大学学报，2019，20（1）：52-56.

[50] 黄勇军，张国建. 网络主播的特性与监管[J]. 中国广播电视学刊，2016（5）：75-76，107.

附 录

《信息网络传播视听节目许可证》审批事项服务指南

适用范围：本指南适用于《信息网络传播视听节目许可证》的申请和办理。

项目信息：网上传播视听节目许可证核发

办理依据：《互联网视听节目服务管理规定》（广电总局、信息产业部56号令）、《广电总局、信息产业部负责人就〈互联网视听节目服务管理规定〉答记者问》

受理机构：省级新闻出版广电主管部门初审，国务院新闻出版广电主管部门审批

决定机构：国务院新闻出版广电主管部门

办事条件：

（一）申请单位应当具备（同时）的基本条件

1. 具备法人资格，为国有独资或国有控股单位，且在申请之日前三年内无违法违规记录。其中，国有控股单位包括多家国有资本股东股份之和绝对控股的企业和国有资本相对控股企业（非公有资本股东之间不能具有关联关系），不包括外资入股的企业。

在《互联网视听节目服务管理规定》（以下简称《规定》）发布之前依照国家关于互联网管理相关法规设立的网站（不含外资），无违法违规行为的，及有轻微违规行为能及时整改，在申请之日前三个月内无再犯的，可以申办《许可证》并继续从业。

2. 有健全的节目安全传播管理制度和安全保护技术措施。

3. 有与其业务相适应并符合国家规定的视听节目资源。

4. 有与其业务相适应的技术能力、网络资源和资金，且资金来源合法。企业单位申办互联网视听节目服务的，注册资本应在1 000万元以上。其中，提供新闻、影视剧、文娱、专业等多种内容视听节目服务的，注册资本应在2 000万元以上。新闻宣传单位设立的企业申办公益性互联网视听节目服务，不受最低注册资本限制。

5. 有与其业务相适应的专业人员，专业人员数量应在20人以上，并具备相应的从业经验或专业背景。申办单位的主要出资者和经营者在申请之日前三年内无违法违规记录。

6. 技术方案符合国家标准、行业标准和技术规范。

7. 符合国务院新闻出版广电主管部门确定的互联网视听节目服务总体规划、布局和业务指导目录。

8. 符合法律、行政法规和国家有关规定的条件。

（二）申请从事特定类别视听节目服务应当具备的其他条件

1. 申请从事广播电台、电视台形态服务、时政类视听新闻服务的，应当持有《广播电视播出机构许可证》或《互联网新闻信息服务许可证》。其中，以自办频道方式播放视听节目的，由地（市）级以上广播电台、电视台、中央新闻单位提出申请。

2. 申请从事主持、访谈、报道类视听服务的，应当持有《广播电视节目制作经营许可证》和《互联网新闻信息服务许可证》。

3. 申请从事自办网络剧（片）类服务的，应当持有《广播电视节目制作经营许可证》。

4. 申办互联网视听节目服务，同时还为其他单位提供互联网视听节目信号传输服务的，应符合《规定》第十九、第二十条的规定。

申请材料：

1. 申请报告，应包含单位情况总体介绍、对拟开展业务的描述等方面内容。

2. 《许可证》申请表。

3. 申请单位相关资质证明。

（1）法人注册证书；（2）申请单位是公司的，需提供公司章程、验资报告及股份构成情况说明；（3）网站域名注册证明；（4）申请单位获得的互联网新闻信息服务、广播电视播出机构、节目制作机构、ICP 等与申请有关的许可或备案证明。

4. 具体的视听节目播出内容安排，应包含节目种类、栏目板块设置、播出周期等内容。

5. 互联网视听节目服务的技术方案，应包含网络接入方案以及节目播出技术平台的结构、功能、承载容量等内容，并提供网络带宽租用协议，以及现有技术设备清单。

6. 申请单位现有的节目内容审查制度和流程，安全播出管理制度和应急预案。

7. 编辑、技术等专业人员的数量、专业背景或从业经验情况。

8. 节目购买合同、意向书等节目来源证明材料。

9. 办公场所产权或租用证明。

10. 其他有助于说明申请单位符合开办条件的材料。

申请接收：

地方申请单位应当将申请材料报所在地省级新闻出版广电主管部门，经初审后报国务院新闻出版广电主管部门审批；中央直属单位直接向国务院新闻出版广电主管部门提交申请材料。

办理基本流程：

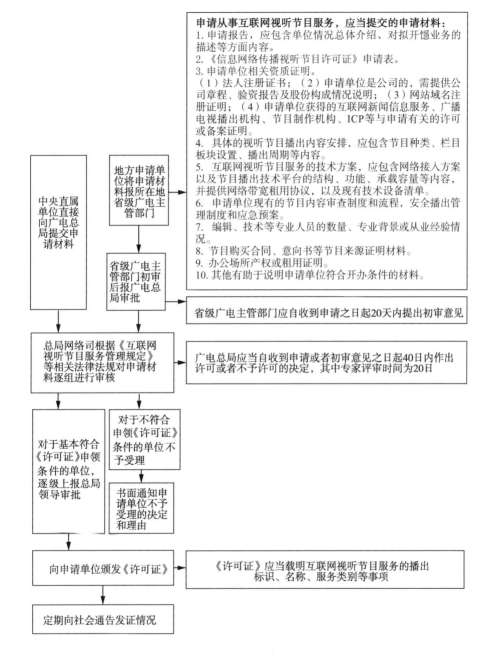

办理方式：

地方申请单位应当将申请材料报所在地省级新闻出版广电主管部门，

经初审后报国务院新闻出版广电主管部门审批；中央直属单位直接向国务院新闻出版广电主管部门提交申请材料。地方申请单位与所在地省、自治区广播电影电视主管部门在不同城市的，申请材料可通过当地的地市级新闻出版广电主管部门，转报给省级新闻出版广电主管部门。省级新闻出版广电主管部门自收到申请之日起 20 日内提出初审意见，报国务院新闻出版广电主管部门审批；国务院新闻出版广电主管部门应当自收到申请或者初审意见之日起 40 日内作出许可或者不予许可的决定，其中专家评审时间为 20 日。予以许可的，向申请人颁发《许可证》，并向社会公告；不予许可的，应当书面通知申请人并说明理由。《许可证》应当载明互联网视听节目服务的播出标识、名称、服务类别等事项。

审批时限：

省级新闻出版广电主管部门自收到申请之日起 20 日内提出初审意见，报国务院新闻出版广电主管部门审批；国务院新闻出版广电主管部门应当自收到申请或者初审意见之日起 40 日内作出许可或者不予许可的决定，其中专家评审时间为 20 日。

审批结果：

（一）信息网络传播视听节目许可证

（二）批复

结果送达：作出行政决定后，通过电话通知或告知服务对象，并通过现场领取、邮寄等方式将证件及批复等送达。

来源：国家新闻出版广电总局

互联网直播服务管理规定

第一条 为加强对互联网直播服务的管理，保护公民、法人和其他组织的合法权益，维护国家安全和公共利益，根据《全国人民代表大会常务委员会关于加强网络信息保护的决定》《国务院关于授权国家互联网信息办公室负责互联网信息内容管理工作的通知》《互联网信息服务管理办法》《互联网新闻信息服务管理规定》，制定本规定。

第二条 在中华人民共和国境内提供、使用互联网直播服务，应当遵守本规定。

本规定所称互联网直播，是指基于互联网，以视频、音频、图文等形式向公众持续发布实时信息的活动；本规定所称互联网直播服务提供者，是指提供互联网直播平台服务的主体；本规定所称互联网直播服务使用者，包括互联网直播发布者和用户。

第三条 提供互联网直播服务，应当遵守法律法规，坚持正确导向，大力弘扬社会主义核心价值观，培育积极健康、向上向善的网络文化，维护良好网络生态，维护国家利益和公共利益，为广大网民特别是青少年成长营造风清气正的网络空间。

第四条 国家互联网信息办公室负责全国互联网直播服务信息内容的监督管理执法工作。地方互联网信息办公室依据职责负责本行政区域内的互联网直播服务信息内容的监督管理执法工作。国务院相关管理部门依据职责对互联网直播服务实施相应监督管理。

各级互联网信息办公室应当建立日常监督检查和定期检查相结合的监督管理制度，指导督促互联网直播服务提供者依据法律法规和服务协议规范互联网直播服务行为。

第五条 互联网直播服务提供者提供互联网新闻信息服务的，应当依法取得互联网新闻信息服务资质，并在许可范围内开展互联网新闻信息服务。

开展互联网新闻信息服务的互联网直播发布者，应当依法取得互联网新闻信息服务资质并在许可范围内提供服务。

第六条 通过网络表演、网络视听节目等提供互联网直播服务的，还应当依法取得法律法规规定的相关资质。

第七条 互联网直播服务提供者应当落实主体责任，配备与服务规模相适应的专业人员，健全信息审核、信息安全管理、值班巡查、应急处置、技术保障等制度。提供互联网新闻信息直播服务的，应当设立总编辑。

互联网直播服务提供者应当建立直播内容审核平台，根据互联网直播的内容类别、用户规模等实施分级分类管理，对图文、视频、音频等直播内容加注或播报平台标识信息，对互联网新闻信息直播及其互动内容实施先审后发管理。

第八条 互联网直播服务提供者应当具备与其服务相适应的技术条件，应当具备即时阻断互联网直播的技术能力，技术方案应符合国家相关标准。

第九条 互联网直播服务提供者以及互联网直播服务使用者不得利用互联网直播服务从事危害国家安全、破坏社会稳定、扰乱社会秩序、侵犯他人合法权益、传播淫秽色情等法律法规禁止的活动，不得利用互联网直播服务制作、复制、发布、传播法律法规禁止的信息内容。

第十条 互联网直播发布者发布新闻信息，应当真实准确、客观公正。转载新闻信息应当完整准确，不得歪曲新闻信息内容，并在显著位置注明来源，保证新闻信息来源可追溯。

第十一条 互联网直播服务提供者应当加强对评论、弹幕等直播互动环节的实时管理，配备相应管理人员。

互联网直播发布者在进行直播时，应当提供符合法律法规要求的直播内容，自觉维护直播活动秩序。

用户在参与直播互动时，应当遵守法律法规，文明互动，理性表达。

第十二条 互联网直播服务提供者应当按照"后台实名、前台自愿"的原则，对互联网直播用户进行基于移动电话号码等方式的真实身份信息认证，对互联网直播发布者进行基于身份证件、营业执照、组织机构代码等的认证登记。互联网直播服务提供者应当对互联网直播发布者的真实身份信息进行审核，向所在地省、自治区、直辖市互联网信息办公室分类备案，并在相关执法部门依法查询时予以提供。

互联网直播服务提供者应当保护互联网直播服务使用者身份信息和隐私，不得泄露、篡改、毁损，不得出售或者非法向他人提供。

第十三条　互联网直播服务提供者应当与互联网直播服务使用者签订服务协议，明确双方权利义务，要求其承诺遵守法律法规和平台公约。

互联网直播服务协议和平台公约的必备条款由互联网直播服务提供者所在地省、自治区、直辖市互联网信息办公室指导制定。

第十四条　互联网直播服务提供者应当对违反法律法规和服务协议的互联网直播服务使用者，视情况采取警示、暂停发布、关闭账号等处置措施，及时删除违法违规直播信息内容，保存记录并向有关主管部门报告。

第十五条　互联网直播服务提供者应当建立互联网直播发布者信用等级管理体系，提供与信用等级挂钩的管理和服务。

互联网直播服务提供者应当建立黑名单管理制度，对纳入黑名单的互联网直播服务使用者，禁止其重新注册账号，并及时向所在地省、自治区、直辖市互联网信息办公室报告。

省、自治区、直辖市互联网信息办公室应当建立黑名单通报制度，并向国家互联网信息办公室报告。

第十六条　互联网直播服务提供者应当记录互联网直播服务使用者发布内容和日志信息，保存60日。

互联网直播服务提供者应当配合有关部门依法进行的监督检查，并提供必要的文件、资料和数据。

第十七条　互联网直播服务提供者和互联网直播发布者未经许可或者超出许可范围提供互联网新闻信息服务的，由国家和省、自治区、直辖市互联网信息办公室依据《互联网新闻信息服务管理规定》予以处罚。

对于违反本规定的其他违法行为，由国家和地方互联网信息办公室依据职责，依法予以处罚；构成犯罪的，依法追究刑事责任。通过网络表演、网络视听节目等提供网络直播服务，违反有关法律法规的，由相关部门依法予以处罚。

第十八条 鼓励支持相关行业组织制定行业公约，加强行业自律，建立健全行业信用评价体系和服务评议制度，促进行业规范发展。

第十九条 互联网直播服务提供者应当自觉接受社会监督，健全社会投诉举报渠道，设置便捷的投诉举报入口，及时处理公众投诉举报。

第二十条 本规定自 2016 年 12 月 1 日起施行。

来源：国家互联网信息办公室

国家七部门联合发布
《关于加强网络直播规范管理工作的指导意见》

2021年2月9日，国家互联网信息办公室、全国"扫黄打非"工作小组办公室等七部门联合发布《关于加强网络直播规范管理工作的指导意见》（以下简称《意见》），旨在进一步加强网络直播行业的正面引导和规范管理，重点规范网络打赏行为，推进主播账号分类分级管理，提升直播平台文化品位，促进网络直播行业高质量发展。

一段时间以来，网络直播行业存在传播历史虚无主义、淫秽色情信息，打"擦边球"和危害青少年身心健康等违法违规乱象。同时，暴露出主体责任履行不力、主播良莠不齐、充值打赏失范等问题。为了聚焦解决行业突出问题，净化直播行业生态，国家互联网信息办公室、全国"扫黄打非"工作小组办公室、工业和信息化部、公安部、文化和旅游部、国家市场监督管理总局、国家广播电视总局联合制定实施该《意见》。

国家互联网信息办公室有关负责人指出，出台《意见》的主要目的，是为了督促直播平台对照相关规范，对主播账号实行分级分类管理，规范网络主播行为，防范非理性、激情打赏，遏制商业营销乱象。以强化高品位文化产品供给为目标，推动网络直播平台强化主流价值引领，树牢正确导向意识，大力弘扬社会主义核心价值观，有效提升直播平台"以文化人"的精神气质和文化力量。

《意见》强调，网络直播平台要建立健全直播账号分类分级规范管理制度、直播打赏服务管理规则和直播带货管理制度，要针对不同类别级别的网络主播账号在单场受赏总额、直播热度等方面合理设限，要对单个虚拟消费品、单次打赏额度合理设置上限，对单日打赏额度累计触发相应阈值的用户进行消费提醒，必要时设置打赏冷静期和延时到账期。

《意见》要求，各地各部门要切实履行职能职责，依法依规加强对网络直播行业相关业务的监督管理,督导企业落实主体责任。网络社会组织要积极发挥桥梁纽带作用,大力倡导行业自律。鼓励社会各界,尤其是网络直播用户广泛参与网络直播行业治理,为广大网民特别是青少年营造积极健康、内容丰富、正能量充沛的网络直播空间。

来源:中国网信网

国家网信办等8部门
推进网络直播行业专项整治

2020年8月3日,国家网信办、全国"扫黄打非"办等8部门联合召开工作部署会,通报网络直播行业专项整治和规范管理工作进展,对深入推进专项整治和规范管理工作进行再部署,着力推动研究制订主播账号分级分类管理规范,提升直播平台文化品位,引导用户理性打赏,规范主播带货行为,促进网络直播行业高质量发展。

国家网信办负责人介绍,专项整治开展2个月来,各部门依法处置158款违法违规直播平台,挂牌督办38起涉直播重点案件,督促平台清理有害账号及信息,封禁一批违法违规网络主播。但直播行业诸多痼疾顽症并未彻底消除,高额充值打赏冲击主流价值观,网课直播间推送低俗内容危害青少年健康成长,违规直播带货侵犯消费者合法权益等问题,必须彻底加以解决。

根据部署,下一步将全面排查清理未持有准入资质或未履行ICP备案,以及违规开展互联网新闻信息服务的直播平台;全面清理各类违法违规内容,净化网课直播生态;全链条打击网络直播违法犯罪行为,挂牌督办一批违法犯罪案件,查办一批网络直播营销活动违法案件。此外,还将研究制订主播账号分级分类管理规范,明确直播行业打赏行为管理规则。

来源:人民日报

六部门联合下发通知：
网络直播应落实用户实名制度

2018年8月20日，全国"扫黄打非"办公室会同工业和信息化部、公安部、文化和旅游部、国家广播电视总局、国家互联网信息办公室联合下发《关于加强网络直播服务管理工作的通知》（以下简称《通知》），部署各地各有关部门进一步加强网络直播服务许可、备案管理，强化网络直播服务基础管理，建立健全长效监管机制，大力开展存量违规网络直播服务清理工作。

全国"扫黄打非"办公室负责人介绍，《通知》首次明确了行业监管中网络直播服务提供者、网络接入服务提供者、应用商店等的各自责任，推动互联网企业严格履行主体责任。《通知》突出对网络直播行业的基础管理，细化了直播行业相关规定的执行标准，将成为"扫黄打非"部门建立完善直播行业长效监管机制的有力举措，有效防范直播领域各类有害信息的出现和传播。

《通知》要求，网络直播服务提供者应向电信主管部门履行网站ICP备案手续，涉及经营电信业务及互联网新闻信息、网络表演、网络视听节目直播等业务的，应分别向相关部门申请取得许可，并于直播服务上线30日内按照有关规定到属地公安机关履行公安备案手续。《通知》强调，为直播平台提供网络接入服务的企业，不得为未履行ICP备案手续、未取得相关业务许可的网络直播服务提供者提供网络接入服务。应用商店不得为未履行ICP备案手续、未取得相关业务许可的网络直播平台提供App软件分发服务。

《通知》要求，各网络接入服务提供者一要按照要求通过"工业和信息化部ICP/IP/地址/域名信息备案管理系统"，向各地通信管理局报送网络直播服务提供者ICP、IP地址、域名等信息；二要对上述信息进行核验，不得为信息不一致、有关部门违法网络直播平台黑名单中的直播网站、

App 提供接入服务；三要落实用户实名制度，加强网络主播管理，建立主播黑名单制度，健全完善直播内容监看、审查制度和违法有害内容处置措施。《通知》强调，应用商店不得为列入有关部门黑名单中的网络直播 App 提供分发服务。

《通知》要求，网络接入服务提供者、应用商店应立即组织存量违规网络直播服务清理，要求未提供 ICP 备案手续或者相关业务许可材料的网络直播平台在两个月内补充相关材料。《通知》强调，对两个月后仍然无法提供相关材料的，要停止服务；对拒绝提供相关材料的，要立即停止服务。

《通知》在健全网络直播服务监管工作机制方面做出明确规定。一是网络直播服务提供者应按照许可范围开展业务，不得利用直播服务制作、复制、发布、传播法律法规禁止的信息内容。二是网络接入服务提供者应按照要求建立内容审核、信息过滤、投诉举报处理等相关制度，建立 7×24 小时应急响应机制，加强技术管控手段建设，按照要求处置网络直播中的违法违规行为。三是网络直播服务提供者应当按照有关法律法规要求，记录直播服务使用者发布内容和日志信息并保存一定期限。对自身不具备存储能力且不购买存储服务的网络直播服务提供者，网络接入服务提供者不得提供服务。四是网络接入服务提供者、网络直播服务提供者应当依法配合有关部门的监督检查、调查取证，并提供必要的文件、资料和数据。

《通知》强调，对网络接入服务提供者、应用商店未尽到许可、备案手续审核及监管义务造成有害信息传播的，有关主管部门将按照相关法律法规予以严肃查处。

来源：中国新闻网

全国"扫黄打非"办要求
网络直播及短视频企业要加强内容管理

为督促网络直播及短视频企业加强平台内容安全管理,全国"扫黄打非"办公室2018年4月初召集YY、斗鱼、花椒、映客、六间房、酷六、KK、龙珠、熊猫、天鸽互动和今日头条、快手、爱奇艺、炫一下、微博、哔哩哔哩、荔枝FM、金山等18家互联网公司相关负责人,明确监管要求。

全国"扫黄打非"办指出,无论是网络直播企业,还是短视频平台,都务必履行企业社会责任,落实企业主体责任,在追求经济效益的同时兼顾好社会效益。要坚持正确价值导向,加强内容审核和安全管控,确保平台上不出现淫秽色情、凶杀暴力等有害信息,不传播泛娱乐化、低俗、恶搞等不良内容。在内容审核标准方面,网络直播和短视频企业不能单纯以技术公司或文化企业定位自己,还要以负责任的传播媒介标准要求自己。各企业要认真完善内容审核机制,建立与发展规模匹配的审核队伍,加大内容审核力度,及时调整审核重点,改善内容推荐算法。此外,要在企业内部构建未成年人保护体系,加大对妨碍未成年人健康成长内容的清理整治力度。

全国"扫黄打非"办负责人表示,对网络直播及短视频企业的违法违规行为,将坚决查处、依法打击;对落实安全管理主体责任不力的企业平台,将依法追究相关责任。

来源:新华社

国家广播电视总局关于加强网络秀场直播和电商直播管理的通知

广电发〔2020〕78 号

各省、自治区、直辖市广播电视局，新疆生产建设兵团文化体育广电和旅游局：

近年来，网络秀场直播、电商直播节目大量涌现，成为互联网经济中非常活跃的现象和网络视听节目建设管理工作需要重视的问题。为加强对网络秀场直播和电商直播的引导规范，强化导向和价值引领，营造行业健康生态，防范遏制低俗庸俗媚俗等不良风气滋生蔓延，现就有关要求通知如下：

一、网络秀场直播平台、电商直播平台要坚持社会效益优先的正确方向，积极传播正能量，展现真善美，着力塑造健康的精神情趣，促进网络视听空间清朗。要积极研究推动网络视听节目直播服务内容和形式创新，针对受众特点和年龄分层，播出推荐追求劳动创造、展示有益才艺和健康生活情趣等价值观积极的直播节目。以价值观为导向打造精品直播间版块或集群，让有品位、有意义、有意思、有温度的直播节目占据好位置，获得好流量。要切实采取有力措施不为违法失德艺人提供公开出镜发声机会，防范遏制炫富拜金、低俗媚俗等不良风气在直播领域滋生蔓延，冲击社会主义核心价值观，污染网络视听生态。

二、开办网络秀场直播或电商直播的平台要切实落实主体责任，着力健全网络直播业务各项管理制度、责任制度、内容安全制度和人资物配备，积极参与行风建设和行业自律，共同推进网络秀场直播和电商直播活动规范有序健康发展。上述平台应于 2020 年 11 月 30 日前，将开办主体信息和业务开展情况等在"全国网络视听平台信息管理系统"登记备案。

三、开办网络秀场直播或电商直播的平台要落实管建同步的原则，把平台管理力量与直播间开办能力相匹配的要求精准落实到数到人。现阶段，相关平台的一线审核人员与在线直播间数量总体配比不得少于1：50，要加大对审核人员的培训力度，并将通过培训的审核人员在"审核员信息管理系统"中进行登记。鼓励有能力的平台采取优于总体配比的要求加强审核能力建设，适应网上舆情变化对直播间和主播的监看审核力量进行动态调整强化。平台每季度应向省级广播电视主管部门报备直播间数量、主播数量和审核员数量。社会知名人士及境外人员开设直播间，平台应提前向广播电视主管部门报备。

四、网络秀场直播平台要对直播间节目内容和对应主播实行标签分类管理，按"音乐""舞蹈""唱歌""健身""游戏""旅游""美食""生活服务"等进行分类标注。根据不同内容的秀场直播节目特点，研究采取有针对性的扶优罚劣管理措施。各秀场直播间均须在直播页面标注节目类别和直播间号码。主播改变直播间节目类别，须经网站审核，未通过审核不得擅自变更。

五、网络秀场直播平台要建立直播间和主播的业务评分档案，细化节目质量评分和违规评分等级，并将评分与推荐推广挂钩。要做好主播尤其是头部主播政策法律法规和相关知识培训。对于多次出现问题的直播间和主播，应采取停止推荐、限制时长、排序沉底、限期整改等处理措施。对于问题性质严重、屡教不改的，关闭直播间，将相关主播纳入黑名单并向广播电视主管部门报告，不允许其更换"马甲"或更换平台后再度开播。

六、网络秀场直播平台要对网络主播和"打赏"用户实行实名制管理。未实名制注册的用户不能打赏，未成年用户不能打赏。要通过实名验证、人脸识别、人工审核等措施，确保实名制要求落到实处，封禁未成年用户的打赏功能。平台应对用户每次、每日、每月最高打赏金额进行限制。在用户每日或每月累计"打赏"达到限额一半时，平台应有消费提醒，经短信验证等方式确认后，才能进行下一步消费，达到"打赏"每日或每月限额，应暂停相关用户的"打赏"功能。平台应对"打赏"设置延时到账期，如主播出现违法行为，平台应将"打赏"返还用户。平台不得采取鼓励用户非理性"打赏"的运营策略。对发现相关主播及其经纪代理通过传播低俗内容、有组织炒作、雇佣水军刷礼物等手段，暗示、诱惑或者鼓励用户大额"打赏"，或引诱未成年用户以虚假身份信息"打赏"的，平台须对主播及其经纪代理进行处理，列入关注名单，并向广播电视主管部门书面报告。

七、网络电商直播平台须严格按照网络视听节目服务管理的相关规定开展视听内容服务，不得超出电子商务范围违规制作、播出与商品售卖无关的评述类等视听节目。以直播间、直播演出、直播综艺及其他直播节目形式举办电商节、电商日、促销日等主题电商活动，应按照网络视听节目直播服务管理的有关规定，提前14个工作日将活动嘉宾、主播、内容、设置等信息报广播电视主管部门备案。鼓励网络电商直播平台通过组织主题电商活动助力经济发展、民生改善、脱贫攻坚、产业升级和供需对接。

八、网络电商直播平台要对开设直播带货的商家和个人进行相关资质审查和实名认证，完整保存审查和认证记录，不得为无资质、无实名、冒名登记的商家或个人开通直播带货服务。平台须对相关信息的真实性定期进行复核，发现问题及时纠正。要对头部直播间、头部主播及账号、高流量或高成交的直播带货活动进行重点管理，加强合规性检查。要探索建立科学分类分级的实时动态管理机制，设置奖惩退禁办法，提高甄别和打击数据造假的能力，为维护诚信市场环境发挥积极作用。

九、开办网络秀场直播和电商直播的平台要积极探索利用大数据、人工智能等新技术服务于鼓励倡导的直播节目，让算法支撑优质视听内容的推送，对违规不良内容实现精准预警和及时阻断。对点击量高、成交量虚高、"打赏"金额大、业务类别容易出问题的直播间，要建立人机结合的重点监看审核机制，跟踪节目动态，分析舆情和原因，及时采取措施，防止导向偏差和问题。

请各级广播电视主管部门组织辖区内开展秀场直播、电商直播业务的平台进行登记备案工作，按照本通知要求对已开展的秀场直播、电商直播业务进行全面梳理和分析研判。对初步筛查不符合要求的直播内容进行清理整顿；按要求督导相关平台建立直播内容分级分类管理和审核制度，完善直播间、主播、审核员数量的结构报备、打赏控制等管理机制；对整体不符合开办直播业务条件和能力的平台，应通报有关部门，组织联合关停其直播业务。此专项工作自即日起至年底集中开展，11月30日前将登记核查情况和规范治理的工作成效总结上报，重要情况随时报告。

来源：国家广播电视总局

网络短视频内容审核标准细则（2021）

为提升短视频内容质量，遏制错误虚假有害内容传播蔓延，营造清朗网络空间，根据国家相关法律法规、《互联网视听节目服务管理规定》和《网络视听节目内容审核通则》，制定本细则。

一、网络短视频内容审核基本标准

《互联网视听节目服务管理规定》第十六条所列 10 条标准。

《网络视听节目内容审核通则》第四章第七、八、九、十、十一、十二条所列 94 条标准。

二、网络短视频内容审核具体细则

依据网络短视频内容审核基本标准，短视频节目及其标题、名称、评论、弹幕、表情包等，其语言、表演、字幕、画面、音乐、音效中不得出现以下具体内容：

（一）危害中国特色社会主义制度的内容

比如：

1. 攻击、否定、损害、违背中国特色社会主义的指导思想和行动指南的。

2. 调侃、讽刺、反对、蔑视马克思主义中国化的最新理论成果和指导地位的。

3. 攻击、否定中国特色社会主义最本质的特征的，攻击、否定、弱化党中央的核心、全党的核心地位的。

4. 脱离世情国情党情，以一个阶段党和国家的发展历史否定另一个阶段党和国家的发展历史，搞历史虚无主义的。

5. 有违中共中央关于党的百年奋斗重大成就和历史经验的决议的，对新中国成立以来党和国家所出台的重大方针政策，所推出的重大举措，所推进的重大工作进行调侃、否定、攻击的。

6. 对宪法等国家重大法律法规的制定、修订进行曲解、否定、攻击、谩骂，或对其中具体条款进行调侃、讽刺、反对、歪曲的。

7. 以娱乐化方式篡改、解读支撑中国特色社会主义制度的根本制度、基本制度、重要制度，对其中的特定名词称谓进行不当使用的。

（二）分裂国家的内容

比如：

8. 反对、攻击、曲解"一个中国""一国两制"的。

9. 体现台独、港独、藏独、疆独等的言行、活动、标识的，包括影像资料、作品、语音、言论、图片、文字、反动旗帜、标语口号等各种形式（转播中央新闻单位新闻报道除外）。

10. 持有台独、港独、藏独、疆独等分裂国家立场的艺人及组织团体制作或参与制作的节目、娱乐报道、作品宣传的。

11. 对涉及领土和历史事件的描写不符合国家定论的。

（三）损害国家形象的内容

比如：

12. 贬损、玷污、恶搞中国国家和民族的形象、精神和气质的。

13. 以焚烧、毁损、涂画、玷污、践踏、恶搞等方式侮辱国旗、国徽的，在不适宜的娱乐商业活动等场合使用国旗、国徽的。

14. 篡改、恶搞国歌的，在不适宜的商业和娱乐活动中使用国歌，或在不恰当的情境唱奏国歌，有损国歌尊严的。

15. 截取党和国家领导人讲话片段可能使原意扭曲或使人产生歧义，或通过截取视频片段、专门制作拼凑动图等方式，歪曲放大展示党和国家领导人语气语意语态的。

16. 未经国家授权或批准，特型演员和普通群众通过装扮、模仿党和国家领导人形象，参加包括主持、表演、演讲、摆拍等活动，谋取利益或哗众取宠产生不良影响的（依法批准的影视作品或文艺表演等除外）。

17. 节目中人物穿着印有党和国家领导人头像的服装鞋帽，通过抖动、折叠印有头像的服装鞋帽形成怪异表情的。

（四）损害革命领袖、英雄烈士形象的内容

比如：

18. 抹黑、歪曲、丑化、亵渎、否定革命领袖、英雄烈士事迹和精神的。

19. 不当使用及恶搞革命领袖、英雄烈士姓名、肖像的。

（五）泄露国家秘密的内容

比如：

20. 泄露国家各级党政机关未公开的文件、讲话的。

21. 泄露国家各级党政机关未公开的专项工作内容、程序与工作部署的。

22. 泄露国防、科技、军工等国家秘密的。

23. 私自发布有关党和国家领导人的个人工作与生活信息、党和国家领导人家庭成员信息的。

（六）破坏社会稳定的内容

比如：

24. 炒作社会热点，激化社会矛盾，影响公共秩序与公共安全的。

25. 传播非省级以上新闻单位发布的灾难事故信息的。

26. 非新闻单位制作的关于灾难事故、公共事件的影响、后果的节目的。

（七）损害民族与地域团结的内容

比如：

27. 通过语言、称呼、装扮、图片、音乐等方式嘲笑、调侃、伤害民族和地域感情、破坏安定团结的。

28. 将正常的安全保卫措施渲染成民族偏见与对立的。

29. 传播可能引发误解的内容的。

30. 对独特的民族习俗和宗教信仰猎奇渲染，甚至丑化侮辱的。

31. 以赞同、歌颂的态度表现历史上民族间征伐的残酷血腥战事的。

（八）违背国家宗教政策的内容

比如：

32. 展示宗教极端主义、极端思想和邪教组织及其主要成员、信徒的活动，以及他们的"教义"与思想的。

33. 不恰当地比较不同宗教、教派的优劣，可能引发宗教、教派之间矛盾和冲突的。

34. 过度展示和宣扬宗教教义、教规、仪式内容的。

35. 将宗教极端主义与合法宗教活动混为一谈，将正常的宗教信仰与宗教活动渲染成极端思想与行动，或将极端思想与行动解释成正常的宗教信仰与宗教活动的。

36. 戏说和调侃宗教内容，以及各类恶意伤害民族宗教感情言论的。

（九）传播恐怖主义的内容

比如：

37. 表现境内外恐怖主义组织的。

38. 详细展示恐怖主义行为的。

39. 传播恐怖主义及其主张的。

40. 传播有目的、有计划、有组织通过自焚、人体炸弹、打砸抢烧等手段发动的暴力恐怖袭击活动视频（中央新闻媒体公开报道的除外），或转发对这些活动进行歪曲事实真相的片面报道和视频片段的。

（十）歪曲贬低民族优秀文化传统的内容

比如：

41. 篡改名著、歪曲原著精神实质的。

42. 颠覆经典名著中重要人物人设的。

43. 违背基本历史定论，任意曲解历史的。

44. 对历史尤其是革命历史进行恶搞或过度娱乐化表现的。

（十一）恶意中伤或损害人民军队、国安、警察、行政、司法等国家公务人员形象和共产党党员形象的内容

比如：

45. 恶意截取执法人员执法工作过程片段，将执法人员正常执法营造成暴力执法效果的。

46. 传播未经证实的穿着军装人员打架斗殴、集会、游行、抗议、上访的，假冒人民军队、国安、警察、行政、司法等国家公务人员的名义在公开场合招摇撞骗、蛊惑人心的。

47. 展现解放军形象时用语过度夸张，存在泛娱乐化问题的。

（十二）美化反面和负面人物形象的内容

比如：

48. 为包括吸毒嫖娼在内的各类违法犯罪人员及黑恶势力人物提供宣传平台，着重展示其积极一面的。

49. 对已定性的负面人物歌功颂德的。

（十三）宣扬封建迷信，违背科学精神的内容

比如：

50. 开设跳大神、破太岁、巫蛊术、扎小人、道场作法频道、版块、个人主页，宣扬巫术作法等封建迷信思想的。

51. 鼓吹通过法术改变人的命运的。

52. 借民间经典传说宣扬封建迷信思想的。

（十四）宣扬不良、消极颓废的人生观、世界观和价值观的内容

比如：

53. 宣扬流量至上、奢靡享乐、炫富拜金等不良价值观，展示违背伦理道德的糜烂生活的。

54. 展现"饭圈"乱象和不良粉丝文化，鼓吹炒作流量至上、畸形审美、狂热追星、粉丝非理性发声和应援、明星绯闻丑闻的。

55. 宣传和宣扬丧文化、自杀游戏的。

56. 展现同情，支持婚外情、一夜情的。

（十五）渲染暴力血腥、展示丑恶行为和惊悚情景的内容

比如：

57. 表现黑恶势力群殴械斗、凶杀、暴力催债、招募打手、雇凶杀人等猖狂行为的。

58. 细致展示凶暴、残酷、恐怖、极端的犯罪过程及肉体、精神虐待的。

59. 细致展示吸毒后极度亢奋的生理状态、扭曲的表情，展示容易引发模仿的各类吸毒工具与吸毒方式的。

60. 细致展示恶俗行为、审丑文化的。

61. 细致展示老虎机、推币机、打鱼机、上分器、作弊器等赌博器具，以及千术、反千术等赌博技巧与行为的。

62. 展现过度的生理痛苦、精神歇斯底里，对普通观看者可能造成强烈感官和精神刺激，从而引发身心惊恐、焦虑、厌恶、恶心等不适感的画面、台词、音乐及音效的。

63. 宣扬以暴制暴，宣扬极端的复仇心理和行为的。

（十六）展示淫秽色情，渲染庸俗低级趣味，宣扬不健康和非主流的婚恋观的内容

比如：

64. 具体展示卖淫、嫖娼、淫乱、强奸等情节的，直接展示性行为，呻吟、叫床等声音、特效的。

65. 视频中出现以淫秽色情信息为诱饵进行导流的。

66. 以猎奇宣扬的方式对"红灯区"、有性交易内容的夜店、洗浴按摩场所进行拍摄和展现的。

67. 表现和展示非正常的性关系、性行为的。

68. 展示和宣扬不健康、非主流的婚恋观和婚恋状态的。

69. 以单纯感官刺激为目的，集中细致展现接吻、爱抚、淋浴及类似的与性行为有关的间接表现或暗示的，有明显的性挑逗、性骚扰、性侮辱或类似效果的画面、台词、音乐及音效的，展示男女性器官，或仅用肢体掩盖或用很小的遮盖物掩盖人体隐秘部位及衣着过分暴露的。

70. 使用粗俗语言，展示恶俗行为的。

71. 以隐晦、低俗的语言表达使人产生性行为和性器官联想的内容的。

72. 以成人电影、情色电影、三级片被审核删减内容的影视剧的"完整版""未删减版""未删节版""被删片段""汇集版"作为视频节目标题、分类或宣传推广的。

73. 以偷拍、走光、露点及各种挑逗性、易引发性联想的文字或图片作为视频节目标题、分类或宣传推广的。

（十七）侮辱、诽谤、贬损、恶搞他人的内容

比如：

74. 侮辱、诽谤、贬损、恶搞历史人物及其他真实人物的形象、名誉的。

75. 贬损、恶搞他国国家领导人，可能引发国际纠纷或造成不良国际影响的。

76. 侮辱、贬损他人的职业身份、社会地位、身体特征、健康状况的。

（十八）有悖于社会公德，格调低俗庸俗，娱乐化倾向严重的内容

比如：

77. 以恶搞方式描绘重大自然灾害、意外事故、恐怖事件、战争等灾难场面的。

78. 以肯定、赞许的基调或引入模仿的方式表现打架斗殴、羞辱他人、污言秽语的。

79. 内容浅薄，违背公序良俗，扰乱公共场所秩序的。

80. 以虚构慈善捐赠事实、编造和渲染他人悲惨身世等方式，传播虚假慈善、伪正能量的。

（十九）不利于未成年人健康成长的内容

比如：

81. 表现未成年人早恋的，以及抽烟酗酒、打架斗殴、滥用毒品等不良行为的。

82. 人物造型过分夸张怪异，对未成年人有不良影响的。

83. 利用未成年人制作不良节目的。

84. 侵害未成年人合法权益或者损害未成年人身心健康的。

（二十）宣扬、美化历史上侵略战争和殖民史的内容

比如：

85. 宣扬法西斯主义、极端民族主义、种族主义的。

86. 是非不分，立场错位，无视或忽略侵略战争中非正义一方的侵略行为，反而突出表现正义一方的某些错误的。

87. 使用带有殖民主义色彩的词汇、称谓、画面的。

（二十一）其他违反国家有关规定、社会道德规范的内容

比如：

88. 将政治内容、经典文化、严肃历史文化进行过度娱乐化展示解读，消解主流价值，对主流价值观"低级红、高级黑"的。

89. 从事反华、反党、分裂、邪教、恐怖活动的特定组织或个人制作或参与制作的节目，及其开设的频道、版块、主页、账号的。

90. 违规开展涉及政治、经济、军事、外交，重大社会、文化、科技、卫生、教育、体育以及其他重要敏感活动、事件的新闻采编与传播的。

91. 违法犯罪、丑闻劣迹者制作或参与制作的节目，或为违法犯罪、丑闻劣迹者正名的。

92. 违规播放国家尚未批准播映的电影、电视剧、网络影视剧的片段，尚未批准引进的各类境外视听节目及片段，或已被国家明令禁止的视听节目及片段的。

93. 未经授权自行剪切、改编电影、电视剧、网络影视剧等各类视听节目及片段的。

94. 侵犯个人隐私，恶意曝光他人身体与疾病、私人住宅、婚姻关系、私人空间、私人活动的。

95. 对国家有关规定已明确的标识、呼号、称谓、用语进行滥用、错用的。

96. 破坏生态环境，虐待动物，捕杀、食用国家保护类动物的。

97. 展示个人持有具有杀伤力的危险管制物品的。

98. 引诱教唆公众参与虚拟货币"挖矿"、交易、炒作的。

99. 在节目中植入非法、违规产品和服务信息，弄虚作假误导群众的。
100. 其他有违法律、法规和社会公序良俗的。

来源：国家广播电视总局

网络直播营销管理办法（试行）

第一章　总　则

第一条　为加强网络直播营销管理，维护国家安全和公共利益，保护公民、法人和其他组织的合法权益，促进网络直播营销健康有序发展，根据《中华人民共和国网络安全法》《中华人民共和国电子商务法》《中华人民共和国广告法》《中华人民共和国反不正当竞争法》《网络信息内容生态治理规定》等法律、行政法规和国家有关规定，制定本办法。

第二条　在中华人民共和国境内，通过互联网站、应用程序、小程序等，以视频直播、音频直播、图文直播或多种直播相结合等形式开展营销的商业活动，适用本办法。

本办法所称直播营销平台，是指在网络直播营销中提供直播服务的各类平台，包括互联网直播服务平台、互联网音视频服务平台、电子商务平台等。

本办法所称直播间运营者，是指在直播营销平台上注册账号或者通过自建网站等其他网络服务，开设直播间从事网络直播营销活动的个人、法人和其他组织。

本办法所称直播营销人员，是指在网络直播营销中直接向社会公众开展营销的个人。

本办法所称直播营销人员服务机构，是指为直播营销人员从事网络直播营销活动提供策划、运营、经纪、培训等的专门机构。

从事网络直播营销活动，属于《中华人民共和国电子商务法》规定的"电子商务平台经营者"或"平台内经营者"定义的市场主体，应当依法履行相应的责任和义务。

第三条　从事网络直播营销活动，应当遵守法律法规，遵循公序良俗，遵守商业道德，坚持正确导向，弘扬社会主义核心价值观，营造良好网络生态。

第四条 国家网信部门和国务院公安、商务、文化和旅游、税务、市场监督管理、广播电视等有关主管部门建立健全线索移交、信息共享、会商研判、教育培训等工作机制，依据各自职责做好网络直播营销相关监督管理工作。

县级以上地方人民政府有关主管部门依据各自职责做好本行政区域内网络直播营销相关监督管理工作。

第二章 直播营销平台

第五条 直播营销平台应当依法依规履行备案手续，并按照有关规定开展安全评估。

从事网络直播营销活动，依法需要取得相关行政许可的，应当依法取得行政许可。

第六条 直播营销平台应当建立健全账号及直播营销功能注册注销、信息安全管理、营销行为规范、未成年人保护、消费者权益保护、个人信息保护、网络和数据安全管理等机制、措施。

直播营销平台应当配备与服务规模相适应的直播内容管理专业人员，具备维护互联网直播内容安全的技术能力，技术方案应符合国家相关标准。

第七条 直播营销平台应当依据相关法律法规和国家有关规定，制定并公开网络直播营销管理规则、平台公约。

直播营销平台应当与直播营销人员服务机构、直播间运营者签订协议，要求其规范直播营销人员招募、培训、管理流程，履行对直播营销内容、商品和服务的真实性、合法性审核义务。

直播营销平台应当制定直播营销商品和服务负面目录，列明法律法规规定的禁止生产销售、禁止网络交易、禁止商业推销宣传以及不适宜以直播形式营销的商品和服务类别。

第八条 直播营销平台应当对直播间运营者、直播营销人员进行基于身份证件信息、统一社会信用代码等真实身份信息认证，并依法依规向税务机关报送身份信息和其他涉税信息。直播营销平台应当采取必要措施保障处理的个人信息安全。

直播营销平台应当建立直播营销人员真实身份动态核验机制，在直播前核验所有直播营销人员身份信息，对与真实身份信息不符或按照国家有关规定不得从事网络直播发布的，不得为其提供直播发布服务。

第九条 直播营销平台应当加强网络直播营销信息内容管理，开展信息发布审核和实时巡查，发现违法和不良信息，应当立即采取处置措施，保存有关记录，并向有关主管部门报告。

直播营销平台应当加强直播间内链接、二维码等跳转服务的信息安全管理，防范信息安全风险。

第十条 直播营销平台应当建立健全风险识别模型，对涉嫌违法违规的高风险营销行为采取弹窗提示、违规警示、限制流量、暂停直播等措施。直播营销平台应当以显著方式警示用户平台外私下交易等行为的风险。

第十一条 直播营销平台提供付费导流等服务，对网络直播营销进行宣传、推广，构成商业广告的，应当履行广告发布者或者广告经营者的责任和义务。

直播营销平台不得为直播间运营者、直播营销人员虚假或者引人误解的商业宣传提供帮助、便利条件。

第十二条 直播营销平台应当建立健全未成年人保护机制，注重保护未成年人身心健康。网络直播营销中包含可能影响未成年人身心健康内容的，直播营销平台应当在信息展示前以显著方式作出提示。

第十三条 直播营销平台应当加强新技术新应用新功能上线和使用管理，对利用人工智能、数字视觉、虚拟现实、语音合成等技术展示的虚拟形象从事网络直播营销的，应当按照有关规定进行安全评估，并以显著方式予以标识。

第十四条 直播营销平台应当根据直播间运营者账号合规情况、关注和访问量、交易量和金额及其他指标维度，建立分级管理制度，根据级别确定服务范围及功能，对重点直播间运营者采取安排专人实时巡查、延长直播内容保存时间等措施。

直播营销平台应当对违反法律法规和服务协议的直播间运营者账号，视情采取警示提醒、限制功能、暂停发布、注销账号、禁止重新注册等处置措施，保存记录并向有关主管部门报告。

直播营销平台应当建立黑名单制度，将严重违法违规的直播营销人员及因违法失德造成恶劣社会影响的人员列入黑名单，并向有关主管部门报告。

第十五条 直播营销平台应当建立健全投诉、举报机制，明确处理流程和反馈期限，及时处理公众对于违法违规信息内容、营销行为投诉举报。

消费者通过直播间内链接、二维码等方式跳转到其他平台购买商品或者接受服务，发生争议时，相关直播营销平台应当积极协助消费者维护合法权益，提供必要的证据等支持。

第十六条 直播营销平台应当提示直播间运营者依法办理市场主体登记或税务登记，如实申报收入，依法履行纳税义务，并依法享受税收优惠。直播营销平台及直播营销人员服务机构应当依法履行代扣代缴义务。

第三章　直播间运营者和直播营销人员

第十七条 直播营销人员或者直播间运营者为自然人的，应当年满十六周岁；十六周岁以上的未成年人申请成为直播营销人员或者直播间运营者的，应当经监护人同意。

第十八条 直播间运营者、直播营销人员从事网络直播营销活动，应当遵守法律法规和国家有关规定，遵循社会公序良俗，真实、准确、全面地发布商品或服务信息，不得有下列行为：

（一）违反《网络信息内容生态治理规定》第六条、第七条规定的；

（二）发布虚假或者引人误解的信息，欺骗、误导用户；

（三）营销假冒伪劣、侵犯知识产权或不符合保障人身、财产安全要求的商品；

（四）虚构或者篡改交易、关注度、浏览量、点赞量等数据流量造假；

（五）知道或应当知道他人存在违法违规或高风险行为，仍为其推广、引流；

（六）骚扰、诋毁、谩骂及恐吓他人，侵害他人合法权益；

（七）传销、诈骗、赌博、贩卖违禁品及管制物品等；

（八）其他违反国家法律法规和有关规定的行为。

第十九条　直播间运营者、直播营销人员发布的直播内容构成商业广告的，应当履行广告发布者、广告经营者或者广告代言人的责任和义务。

第二十条　直播营销人员不得在涉及国家安全、公共安全、影响他人及社会正常生产生活秩序的场所从事网络直播营销活动。

直播间运营者、直播营销人员应当加强直播间管理，在下列重点环节的设置应当符合法律法规和国家有关规定，不得含有违法和不良信息，不得以暗示等方式误导用户：

（一）直播间运营者账号名称、头像、简介；

（二）直播间标题、封面；

（三）直播间布景、道具、商品展示；

（四）直播营销人员着装、形象；

（五）其他易引起用户关注的重点环节。

第二十一条　直播间运营者、直播营销人员应当依据平台服务协议做好语音和视频连线、评论、弹幕等互动内容的实时管理，不得以删除、屏蔽相关不利评价等方式欺骗、误导用户。

第二十二条　直播间运营者应当对商品和服务供应商的身份、地址、联系方式、行政许可、信用情况等信息进行核验，并留存相关记录备查。

第二十三条　直播间运营者、直播营销人员应当依法依规履行消费者权益保护责任和义务，不得故意拖延或者无正当理由拒绝消费者提出的合法合理要求。

第二十四条　直播间运营者、直播营销人员与直播营销人员服务机构合作开展商业合作的，应当与直播营销人员服务机构签订书面协议，明确信息安全管理、商品质量审核、消费者权益保护等义务并督促履行。

第二十五条　直播间运营者、直播营销人员使用其他人肖像作为虚拟形象从事网络直播营销活动的,应当征得肖像权人同意,不得利用信息技术手段伪造等方式侵害他人的肖像权。对自然人声音的保护,参照适用前述规定。

第四章 监督管理和法律责任

第二十六条 有关部门根据需要对直播营销平台履行主体责任情况开展监督检查,对存在问题的平台开展专项检查。

直播营销平台对有关部门依法实施的监督检查,应当予以配合,不得拒绝、阻挠。直播营销平台应当为有关部门依法调查、侦查活动提供技术支持和协助。

第二十七条 有关部门加强对行业协会商会的指导,鼓励建立完善行业标准,开展法律法规宣传,推动行业自律。

第二十八条 违反本办法,给他人造成损害的,依法承担民事责任;构成犯罪的,依法追究刑事责任;尚不构成犯罪的,由网信等有关主管部门依据各自职责依照有关法律法规予以处理。

第二十九条 有关部门对严重违反法律法规的直播营销市场主体名单实施信息共享,依法开展联合惩戒。

第五章 附 则

第三十条 本办法自 2021 年 5 月 25 日起施行。

来源:中国网信网

后 记

网络视频主播是在网络媒介中通过声音、画面进行信息传递的一种职业。近年来，随着网络视频节目的蓬勃发展，网络视频主播的队伍也在日益壮大。节目形态的增加，直播内容的丰富及问题的出现，都给我们提供了新的研究领域和研究课题。

本书围绕网络视频主播的兴起与演变、网络视频主播的主要类型、网络视频主播的基本特征、网络视频主播的基本素养、网络视频主播的互动特性、网络视频主播的管理规范等内容对网络视频主播进行了研究和讨论。

由于前人对相关资料的整理甚少，因此，在编写过程中笔者花费了大量的精力来梳理和归纳，这也是一次创新。在此要特别感谢邓彦康、吴科宏、李舒霓、姚凯迪、赵上、王子涵等人，他们分别对本书的第一章、第二章、第三章、第四章、第五章、第六章进行了材料整理、文字录入、文字编写等工作，为此付出了辛勤努力。

另外，还要特别感谢苏州大学传媒学院院长陈龙教授给予的不断鼓励和指导，以及苏州大学出版社社长盛惠良、总编辑陈兴昌、总编辑助理李寿春为此书写作提供的指导和帮助，感谢所有为本书出版付出辛勤劳动的专家、学者。

岳 军

2021 年 4 月 27 日于苏州